U0943424

人民币汇率变动的贸易效应研究

Research on the Trade Effect of RMB Exchange Rate Change

邓小华 著

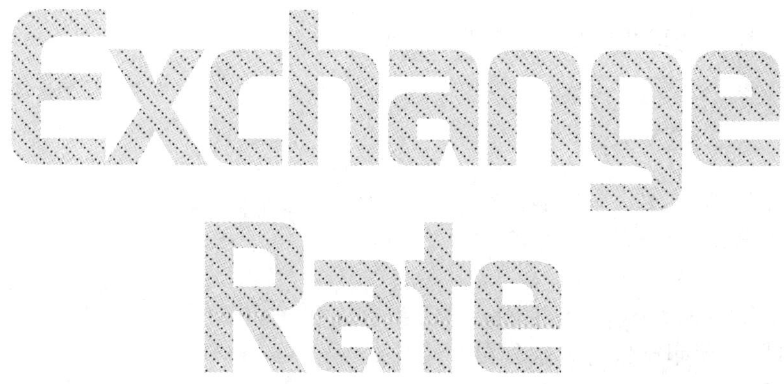

中国科学技术大学出版社

内容简介

当前我国正面临新一轮的贸易结构转型升级，在人民币国际化与金融双向开放大背景下，人民币汇率的双向变动是否有利于我国贸易结构升级？是否有利于我国出口商品结构优化？是否有利于增进我国出口商品的附加值？保持人民币汇率基本稳定，逐步形成以市场供求为基础、双向浮动、有弹性的汇率运行机制，为中国经济寻找新的国际增长引擎创造更为有效的货币汇率机制，具有非常重要的战略意义。不断完善和建立人民币汇率形成机制，更好地发挥人民币汇率在国际经贸交流中的重要作用，既促进中国经济增长和发展方式转变，也是经济新常态趋向长期均衡稳态之必然。

图书在版编目(CIP)数据

人民币汇率变动的贸易效应研究/邓小华著. —合肥：中国科学技术大学出版社，2019.6

ISBN 978-7-312-04399-4

Ⅰ. 人…　Ⅱ. 邓…　Ⅲ. 人民币汇率—汇率波动—影响—对外贸易—研究—中国　Ⅳ. F752

中国版本图书馆 CIP 数据核字(2018)第 077299 号

出版　中国科学技术大学出版社
安徽省合肥市金寨路 96 号，230026
http://press.ustc.edu.cn
https://zgkxjsdxcbs.tmall.com
印刷　合肥华苑印刷包装有限公司
发行　中国科学技术大学出版社
经销　全国新华书店
开本　710 mm×1000 mm　1/16
印张　9.25
字数　164 千
版次　2019 年 6 月第 1 版
印次　2019 年 6 月第 1 次印刷
定价　36.00 元

前　言

汇率变动对我国对外贸易收支的影响称为汇率变动的贸易收支效应，汇率变动对我国商品贸易结构的影响称为汇率变动的商品贸易结构效应。本书将主要沿着这两条思路进行探讨分析。

本书既要考察汇率本质及其在开放经济运行中与其他各经济变量之间的关系，又要研究人民币汇率制度改革和汇率水平变化的历史以及我国商品贸易结构变迁的历史，以发展的眼光看待人民币汇率变动与我国经济形势动态的关联，寻找人民币汇率制度演变的依赖性路径，为货币当局决策提供坚实基础。汇率是一个综合性价格指标，在一个国家和地区的国际经济交流中发挥着重要的作用，能够影响国家和地区对外贸易的平衡和稳定。汇率作为相对价格和政策变量，具有引导贸易流向和调整贸易结构的作用。在按照商品类别划分的贸易结构中，不同商品的贸易量受汇率变动影响的传导过程和程度存在差异，因而形成了汇率变动的贸易结构效应。我国当前正面临新一轮的贸易结构转型升级，在这样的情况下，人民币汇率的变动是否有利于我国贸易结构的升级？是否有利于我国出口商品结构的优化？是否有利于增进我国出口商品的附加值？这是在当前人民币汇率变动过程中迫切需要解答的问题。

首先，分析汇率变动的贸易收支效应综述。将汇率变动的贸易收支效应文献资料进行综述整理，从汇率变动的贸易收支效应入手，探讨汇率变动如何影响我国商品贸易收支结构，进而导致商品贸易结构效应的产生。目前国内外对汇率变动的贸易效应研究主要集中在汇率变动的贸易收支效应、汇率变动的贸易条件效应和汇率变动的价格传导(path-through)效应三个方面。

其次，针对人民币汇率变动的贸易商品结构效应展开实证分析。改革开放以来，我国贸易商品结构经过多次跃迁，目前已形成以工业制成品占绝对优势的出口商品结构和以机械设备为主、初级产品逐渐增多的进口商品结构。究竟人民币实际汇率变动在我国商品贸易结构的形成和变迁中发挥了怎样的作用？两者是否存在互动作用关系？汇率变动的商品贸易结构效应是汇率作为要素相对价格的变动对生产和贸易方面进行调节。由于汇率变动引起生产中所使用的要素相对价格发生变化，从而使一国和地区生产某类商品的比较优势程度发生改变，这一效应也反映为统一汇率政策可以成为差别的产业贸易政策。由于不同类别的贸易商品，其市场结构和生产等状况各不相同，汇率变动具有商品类别的贸易结构效应。结合我国对外贸易结构范畴的划分，利用我国改革开放过程中的汇率管理与外贸实践，采用多种实证方法，多层次、多维度地探讨汇率变动的贸易结构效应，并就未来汇率变动的路径展开分析研究，既有必要性，又具有可行性。

人民币汇率调整是我国外向型经济发展中的一大热点，人民币升值的压力与过程更将对我国对外贸易的发展产生持续影响。而贸易结构的优化变迁，是我国对外贸易发展中的又一热点，表现为在商品结构中提高高技术、高资本密集度商品的比重。改革开放以来，这一过程得到持续深化。

我国贸易结构优化的过程一直与汇率变动的过程相伴行。20 世纪 80 年代，我国实行"双重汇率"制度，名义汇率与实际贬值正是为了实现"出口创汇"，改善贸易逆差的状态；1994 年汇改后我国实施远低于购买力平价，且与美元保持稳定的汇率体制，这包含了鼓励出口，特别是鼓励工业制成品出口的内涵。2005 年开始的名义汇率升值调整同样也蕴含了调节贸易收支、优化贸易结构的政策目标。我国汇率调整与贸易结构升级相伴而行的过程，引导我们去探讨汇率的贸易结构效应。汇率作为相对价格，具有引导贸易流量、影响贸易结构的功能。2005 年以来的人民币升值是否能够达到优化贸易结构的效果，是值得探讨的话题。

汇率作为政策变量，具有引导贸易流向与调整贸易结构的作用。对于按照商品类别、国际分工与贸易方式、市场组织等划分的贸易结构中各类别商品的贸易量，由于受汇率传递效应影响的程度不同，从而产生汇率变动的商品贸易结构效应。当前有必要探讨人民币汇率升值对贸易结构的影响，对于我国提出"优化出口结构""转变增长方式""出口市场多元化"等贸易战略实施，从而带动我国外贸增长由粗放型向集约型、由出口导向型向平衡发展型转变。

本书以全新的视角收集 2012～2016 年我国实际汇率的变动数据，以及对多维度、多角度的贸易结构变迁数据进行初步的整理归纳，采用多项式分布滞后模型等多种计量分析方法，多视角、系统地实证分析人民币汇率变动的贸易收支效应，重点探讨汇率变动影响进出口贸易的短期和长期效应。采用向量自回归模型，以年度数据为基础探讨汇率变动的收支效应，并刻画两者之间的脉冲响应关系。采用截面时间序列（面板）模型对汇率变动的出口商品结构效应进行实证分析。采用 VAR 模型刻画汇率变动对我国进出口商品结构影响的脉冲响应，实证探讨人民币实际汇率与进出口商品贸易结构的相互关系。

本书是笔者承担的安徽大学 2015 年博士启动基金"人民币汇率双向波动商品

贸易结构效应分析”(项目编号:J01001937)的研究成果。本书的数据收集、图表分析及计量经济学 Eviews、Stata 软件运用由安徽建筑大学管理学院工程管理专业硕士研究生胡梦龙独立完成。感谢笔者的研究生周婷婷、杨秋苗、胡晓芳在成书过程中的帮助。感谢项目评审专家的评审意见和中国科学技术大学出版社对本书出版的支持。

邓小华

2018 年 12 月

目　　录

第一章 导　论

第一节 问题的提出

我国经济通过对外贸易、对外直接投资、资本流动、技术外溢等方式与世界经济紧密地联系在一起。随着全球经济开放程度进一步提高，汇率作为开放经济中的核心价格指标在全球资源配置中起关键作用。我国将进一步推进汇率形成机制改革，致力于增强人民币汇率弹性，并通过汇率制度改革制定符合我国国情的汇率政策，剔除与国内经济无关的汇率波动，控制与对外贸易和资本流动相关的货币风险，采取相应预警措施降低国际货币波动对我国贸易与资本账户产生的不利影响。

人民币升值与我国积累的对外贸易收支的"顺差性失衡"相关。汇率具有调节外贸流向与结构的功能，当前与未来的人民币汇率的变动，将对我国对外贸易运行产生何种影响？能否带来商品贸易结构效应？这些是本书要研究的问题。

人民币汇率调整是我国外向型经济发展中的一大热点，人民币升值的压力与过程更将对我国对外贸易的发展产生持续影响。而贸易结构的优化变迁是我国外贸发展中的又一热点，表现为在商品结构中提高高技术、高资本密集度商品的比重。改革开放以来，这一过程得到持续深化。1980～2005 年，我国初级产品出口比重从 51.6％逐步下降到 6.4％，工业制成品比重从 48.4％逐步上升到 93.6％。按照 BEC 分类，2005 年我国出口商品中，资本品占 26.4％，中间产品占 39.9％，消费品占 32.5％，工业制成品比重已经超过国际平均水平。

汇率作为政策变量，具有引导贸易流向与调整贸易结构的作用。按照商品类别、国际分工与贸易方式、市场组织等划分的贸易结构中的各类别商品的贸易量,会受到汇率变动的影响,从而形成汇率变动的商品贸易效应。当前有必要探讨人民币汇率升值对于贸易结构的影响,对于我国提出"优化出口结构""转变增长方式""出口市场多元化"等贸易战略实施,从而带动我国外贸增长由粗放型向集约型、由出口导向型向平衡发展型转变。

第二节 研究背景和意义

一、研究背景

世界经济出现新的格局,在经济全球化的背景下,任何国家都不可能独善其身。作为发达经济体的"镜像",新兴经济体和发展中国家亦陷入经济减速和通货膨胀压力增大的困境。

经济增长在低水平上波动、全球流动性过剩、贸易保护主义升温、地缘局势日趋紧张,将成为全球经济发展的新常态。中国将面对严峻的国际经济环境。

更严峻的挑战来自发达经济体的新规则,泛太平洋合作伙伴关系(TPP)、"跨大西洋贸易投资伙伴关系"以及日欧自由贸易区谈判,意味着发达经济体集体不满足于当前的全球化模式及其运行规则,他们想另辟蹊径,甚至试图建立新的规则。这些新规则超过了各国的国境,将监察、评估的触角深入到各国国内生产和生活的各个环节,诸如成本、利润、税收、补贴、贷款、汇率等,都在新规则的评估范围内。这些新规则的指向,在很大程度上是针对中国。

当前中国经济进入新常态,中国经济增长速度变化的原因主要是结构性的。其主要原因是资源配置效率下降、要素供给效率下降、技术学习效率下降,以及劳动生产率下降。

中国经济已经进入结构性减速通道。这种结构性变化是经济成长阶段推移的结果。它区别于周期性,更区别于政策性。这是发生在实体经济层面上的自然过程。新常态就是这些实体经济因素造成的。

如今我国制造业已趋饱和,人口和资源开始向以服务业为主的第三产业转移,导致服务业的劳动生产率低于制造业。服务业比重上升,导致产业结构调整、生产要素结构调整以及人口结构变化,必然伴随着劳动生产率和经济增长速度下降。

二、研究意义

自全球爆发金融危机以来，欧美等国家和地区的外需市场减弱，国内各种综合成本上涨，我国外贸进出口形势将依然严峻。在外贸出口方面，中国将重点开拓发展中国家，特别是向新兴经济体出口。与世界其他国家相比，外贸占中国经济的20%左右，德国为60%，日本为33%。中国外贸经济运行基调是“稳增长，调结构，促平衡”。“稳增长”中首先强调稳出口，出口不稳，社会经济则不稳。只有通过外贸出口带动工业增长，才能带动消费增加和投资增加。出口、消费、投资是推动中国经济起飞的三个重要因素。但是出口增加不是以破坏生态资源环境为代价的，而是要发展“低碳内涵”出口贸易，要促进贸易与环境、贸易与气候之间的良性发展。

欧美金融危机深层次问题没有得到根本解决，持续的紧缩金融政策使欧洲各国经济低迷，欧美国家和日本在2013年采取量化宽松货币政策，中国面临输入型通货膨胀和热钱涌入等风险。欧洲主权债务危机国家债务率还将持续攀升，欧元区债务危机重现。因美国贸易政策和货币政策调整所引发的美元贬值问题、人民币升值问题、国际收支不平衡量化界定问题并没有在“20国集团”(G20)和亚洲环太平洋经济合作组织(APEC)等多边体系中得到解决，这必定使汇率摩擦、贸易摩擦达到历史新的高度。

欧洲、美国和日本是中国三大贸易伙伴，也是中国的三大出口市场，占据了中国出口额的50%以上。中国特殊的经济增长方式，即内部需求不足，长期靠投资和出口拉动经济增长和保持就业市场稳定，使中国经济易受到外部冲击的影响。由于出口是中国经济增长的主要渠道，因此研究中国出口的决定因素，尤其是人民币汇率对中国出口的影响，有着重要的现实意义和理论价值。

第三节 研究思路、研究内容、研究方法

一、研究思路

本书就人民币汇率变动的贸易效应进行研究，既要考察汇率本质及其在开

放经济运行中与其他经济变量之间的关系，还要研究人民币汇率制度改革和汇率水平变化的历史和我国商品贸易结构变迁的历史，以发展的眼光看待人民币汇率安排与我国经济形势动态关联，寻找人民币汇率制度演变的依赖性路径，为货币当局决策提供坚实基础。汇率是一个综合性价格指标，在一个国家的国际经济交流中发挥着很重要的作用，能够影响一国的对外贸易平衡和稳定。汇率作为相对价格和政策变量，具有引导贸易流向和调整贸易结构的作用。在按照商品类别划分的贸易结构中，不同商品的贸易量因汇率变动而导致其传导过程和程度存在差异，因而形成了汇率变动的贸易结构效应。当前我国正面临新一轮的贸易结构转型升级，在这样的情况下，人民币汇率的变动是否有利于我国转型升级，以及是否可以提高我国出口商品的附加值，是当前人民币汇率变动过程中迫切需要解答的问题。

首先，分析汇率变动的贸易收支效应综述。将汇率变动的贸易收支效应文献资料进行综述整理，从汇率变动的贸易收支效应入手，探讨汇率变动如何影响我国商品贸易收支结构，进而导致商品贸易结构效应的产生。目前国内外对汇率变动的贸易效应研究主要集中在汇率变动的贸易收支效应、汇率变动的贸易条件效应和汇率变动的价格传导(path-through)效应三个方面。

其次，针对人民币汇率变动的商品贸易结构效应展开实证分析，改革开放以来，我国商品贸易结构经过多次跃迁，目前已形成以工业制成品占绝对优势的出口商品结构和以机械设备为主、初级产品逐渐增多的进口商品结构。究竟人民币实际汇率变动在我国商品贸易结构的形成和变迁中发挥了怎样的作用？汇率如何通过改变要素的相对价格对生产和贸易方面进行调节？由于汇率变动引起生产中所使用的要素相对价格发生变化，从而改变一国和地区生产某类商品的比较优势程度发生改变，这一效应也反映为统一汇率政策可以成为差别的产业贸易政策。由于不同类别的贸易商品，其市场结构和生产等状况各不相同，汇率变动具有商品类别的贸易结构效应。结合我国对外贸易结构范畴的划分，利用我国改革开放过程中的汇率管理与外贸实践，采用多种实证方法，多层次、多维度地探讨汇率变动的贸易结构效应，并就未来汇率变动的路径展开分析研究，既有必要性，也具有可行性。

本书总体研究思路如图 1.1 所示。

二、研究内容

本书的整体结构分为六个部分。

第一章为本书的导论部分，主要为本书的研究背景和意义，介绍了本书的研究思路、研究内容、研究方法及可能的创新和不足,并对汇率及相关概念进行界定。

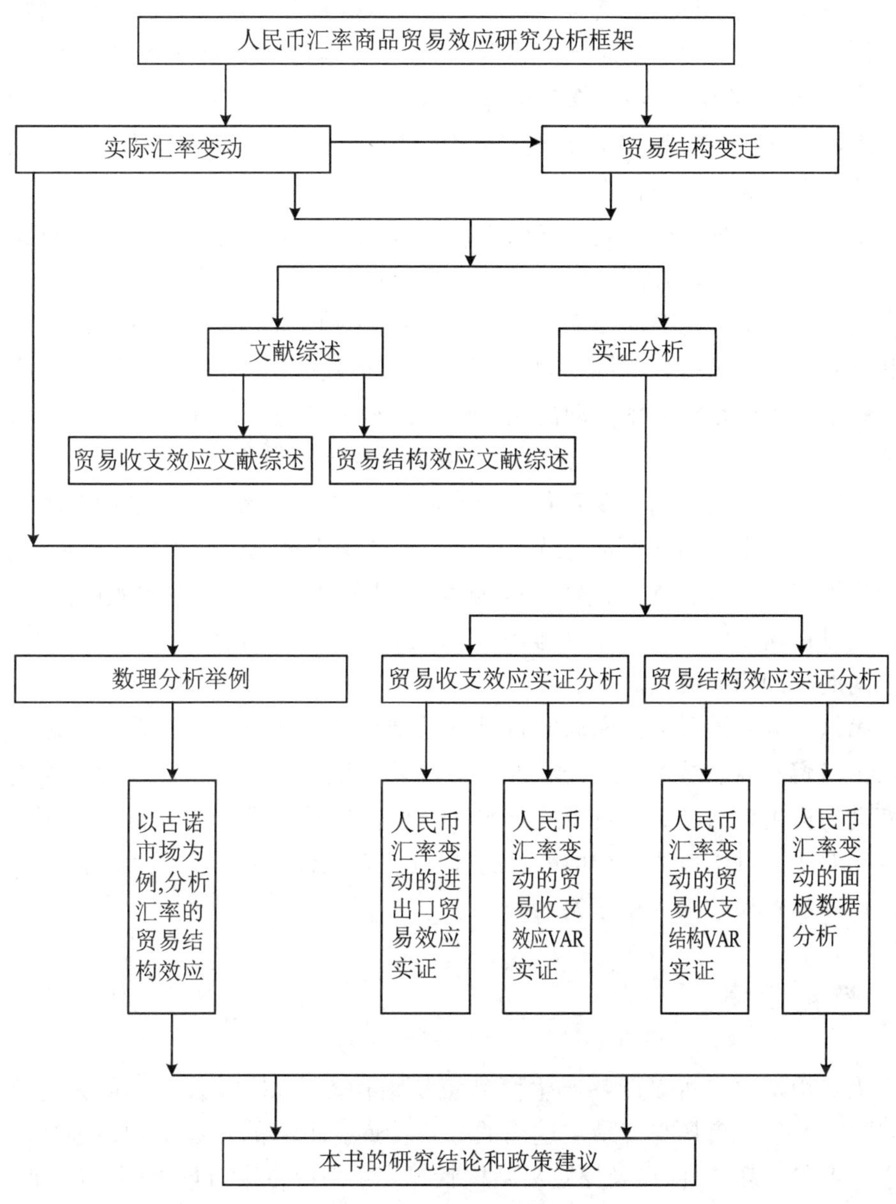

图 1.1 本书的研究思路

第二章分析汇率变动的贸易收支效应综述。首先就汇率变动的贸易收支效应文献资料进行综述整理,从汇率变动的贸易收支效应入手,探讨汇率变动的商品贸易收支结构效应。目前国内外对汇率变动的贸易效应研究主要集中在汇率变动的贸易收支效应、汇率变动的贸易条件效应和汇率变动的价格传导(path-through)效应三个方面。

第三章就汇率传递及其对贸易收支影响的数理理论进行分析，探讨类别商品属性差异造成汇率变动对其贸易带来的不同影响。以古诺市场结构为例，结合柯布-道格拉斯生产函数，探讨资本跨国流动情况下汇率变动的贸易结构传递效应，从而得出在特定市场结构、特定的产业结构中，汇率变动引起贸易结构变迁的决定变量及其变化程度。

第四章为贸易结构及其汇率效应的研究综述。主要对本书的相关理论与文献进行综述整理，整理了对外贸易结构的划分，以及与贸易结构相关的文献，重点归纳梳理了汇率变动影响贸易结构的相关文献资料。从贸易商品要素构成和国际分工的角度，探讨汇率变动的贸易结构效应。

第五章主要是对汇率变动的贸易收支结构效应进行实证分析。重点分析了 2005 年汇率体制改革后人民币汇率变动对我国贸易收支的影响，以及从商品贸易结构及贸易国别角度看我国贸易收支发生的变化。本章采用两种实证方法考察汇率变动的收支贸易结构效应。首先采用多项式分布滞后模型，以年度数据为基础，重点探讨汇率变动影响进出口贸易的短期和长期效应。其次，采用向量自回归模型，以年度数据为基础，探讨汇率变动的收支效应，并刻画两者之间的脉冲响应关系。

第六章为人民币汇率变动的贸易商品结构效应实证分析。首先回顾了我国进出口贸易商品结构的变迁状况。接着采用截面时间序列(面板)模型对汇率变动的进出口商品结构效应进行实证分析。最后，采用 VAR 模型刻画了汇率变动对我国进出口商品结构影响的脉冲响应，实证分析了人民币实际汇率与进出口商品贸易结构的相互关系。

三、研究方法

人民币汇率之所以能够产生商品贸易结构效应，是因为汇率作为价格变量，作用于生产、市场与交易全过程的综合传递。汇率的贸易结构传递效应取决于生产与市场弹性，以及原贸易结构状况。本书以古诺市场为例，将柯布-道格拉斯生产函数引入古诺市场结构，同时将资本要素跨国流动引入市场结构，通过对古诺竞争模式下汇率传导效应进行机理分析，探讨类别商品的市场结构差异(a 和 b)对汇率类别商品传导效应的影响，从而得到以市场结构划分的汇率贸易结构传导效应机制。

本书以全新的视角收集从 20 世纪 80 年代到 2012 年我国实际汇率的变动

数据,采用多项式分布滞后模型等多种计量分析方法,多视角、系统地实证分析人民币汇率变动的贸易收支效应,重点探讨汇率变动影响进出口贸易的短期和长期效应。采用向量自回归模型,以年度数据为基础探讨汇率变动的收支效应,并刻画两者之间的脉冲响应关系。采用截面时间序列(面板)模型对汇率变动的进出口商品结构效应进行实证分析。采用 VAR 模型刻画汇率变动对我国进出口商品结构影响的脉冲响应,实证探讨人民币实际汇率与进出口商品贸易结构的相互关系,并根据实证分析研究得出的结论提出相应对策及建议。

1. 规范分析

数理理论规范分析在推导出汇率的价格效应、数量效应和贸易量效应的关系之后,探讨汇率变动的价格传递效应。以古诺市场模型为基础,以此代表市场需求函数,将对汇率价格效应的研究拓展到贸易结构效应的研究,并结合生产函数,建立符合我国经济的统一数量分析框架。

2. 数据与文献分析

本书收集了从 20 世纪 80 年代到 2012 年我国实际汇率的变动数据,并对多维度、多角度的贸易结构变迁数据进行初步的整理归纳。收集和梳理相关文献是本书研究的前提,本书就汇率变动的贸易收支效应文献资料进行综述整理,重点归纳梳理关于汇率变动影响贸易结构的相关文献资料。从贸易商品要素构成和国际分工的视角,探讨汇率变动的贸易结构效应。

3. 实证分析

实证研究是本书的主体部分,开展包括汇率变动影响我国对外贸易结构的各个因素的多变量实证分析。实证研究主要采用弹性分析法,利用多项式分布滞后模型等多种计量分析模型,并针对数据与模型设立采用单位根检验、协整分析,以期获得稳健性的实证结果。

4. 对策分析

采用多项式分布滞后模型等多种计量分析方法,多视角、系统地实证分析人民币汇率变动的贸易收支效应,重点探讨汇率变动影响进出口贸易的短期效应和长期效应。采用向量自回归模型,以年度数据为基础探讨汇率变动的收支效应,并刻画两者之间的脉冲响应关系。采用截面时间序列(面板)模型对汇率变动的进出口商品结构效应进行实证分析。采用 VAR 模型刻画汇率变动对我国进出口商品结构影响的脉冲响应,实证分析人民币实际汇率与进出口商品贸易结构的相互关系,并根据实证分析研究得出的结论提出相关的对策及建议。

第四节　本书的创新

一、机理分析

汇率变动之所以会产生商品贸易结构效应，在于：① 各类商品由于其市场结构不同，其贸易量价格弹性不同，因而从市场角度来分析汇率变动具有类别结构作用；② 各类商品由于其生产要素构成比例不同，而不同要素价格和供应量受汇率变动的影响程度不同，因而从生产的角度来分析汇率变动具有类别结构作用；③ 在商品流通过程中，各类商品在对外贸易中的交易成本并不一致，交易成本受汇率变动影响的程度也不一致，因而从交易角度来分析汇率变动具有类别结构作用。将商品的生产、市场与交易附属于商品类别的属性综合起来分析，当汇率发生变动时，商品属性决定了其贸易量受影响的方式和幅度。

在数理分析中，将在理论研究中相对比较成熟的汇率价格传递（PPT）效应，应用拓展为探讨汇率变动的贸易量传递（VPT）效应分析方法。以各类商品的贸易量在一国和地区总贸易中的占比构成贸易结构，构建探讨汇率变动的贸易结构传递（SPT）效应的数理框架，并结合市场结构和产业组织展开论证。

二、研究方法

本书采用多项式分布滞后模型等多种计量分析方法，多视角、系统地实证分析人民币汇率变动的贸易收支效应，重点探讨汇率变动影响进出口贸易的短期和长期效应。采用向量自回归模型，以年度数据为基础探讨汇率变动的收支效应，并刻画两者之间的脉冲响应关系。采用截面时间序列（面板）模型对汇率变动的进出口商品结构效应进行实证分析。采用 VAR 模型刻画汇率变动对我国进出口商品结构影响的脉冲响应，实证分析人民币实际汇率与进出口商品贸易结构的相互关系。

三、现实性

本书收集了从 20 世纪 80 年代到 2012 年我国实际汇率的变动数据，目前就人民币汇率的商品贸易效应研究尚未形成完整、统一的理论与实证研究体系。人民币升值能否调节我国贸易收支存在争议,目前国内学者研究人民币汇率的商品贸易结构效应,也只有从 20 世纪 80 年代到 2006 年的数据,没能反映出 2005 年汇改以后,人民币汇率变动的商品贸易结构效应。本书重点分析 2005 年汇改以来人民币汇率变动对我国贸易收支以及商品贸易结构的影响,从商品贸易结构及贸易国别角度看我国贸易收支发生的变化,既具有理论价值,也具有较强的现实指导意义。

第二章　汇率变动贸易收支效应文献综述

本书将文献综述划分为三个部分，即汇率贸易收支效应的弹性分析法、汇率贸易价格传递效应和巴拉萨-萨缪尔森假说效应，并试图建立相关内容之间的联系，以作为研究人民币汇率变动贸易收支效应的目的。

国外学者从进口国市场结构、宏观经济运行、国际贸易模式等视角对汇率变动进行数理论证，实证研究也较为丰富。其中，较多学者从汇率变动作用于进口国的国内价格的角度对汇率变动的影响进行研究，例如美国与日本的双边汇率变动，进而对进口国国内价格和进口价格变动的效应展开论证。当期的研究也逐渐开始关注发展中国家汇率变动的价格传递效应。目前有部分学者已经注意到汇率变动的价格传递效应在对外贸易不同组成部分中的差异性，也有部分学者开始探讨价格以外(如贸易量)的汇率传递效应。近年来，国内学者对该领域的研究日渐增多。

第一节　购买力平价理论及汇率相关概念界定

一、购买力平价理论及其内核

购买力平价理论(purchasing power parity，PPP)是在汇率决定的金本币制崩溃的背景下，由瑞典经济学家古斯塔夫・卡塞尔(G. Cassel)于 1922 年在其所著的《1914 年以后的货币和外汇》一书中提出来的。卡塞尔认为汇率决定于两国货币购买力之比，或者说汇率决定于两国物价之比。

购买力平价理论是一种汇率决定理论，由于该理论包含了内外均衡的思想，所以，购买力平价理论又是一种均衡汇率决定理论。

购买力平价理论基本内容包括以下五点:① 汇率决定于两国货币的价值;② 货币价值取决于其所具有的购买力;③ 单位货币购买力表现为物价水平的倒数;④ 物价水平受到纸币供应量过多或者通货膨胀的影响;⑤ 汇率表现为两国物价水平之比或两国通货膨胀率之比。

二、购买力平价模型形式

(一) 购买力平价理论的假设条件

购买力平价理论的假设条件:① 市场是完全竞争的;② 不考虑运输成本等交易费用;③ 存在国际商品套利机制并发挥着正常作用,即一价定律成立于贸易品部门;④ 物价水平是汇率决定的唯一因素,即短期内资本流动不对汇率产生影响;⑤ 两国商品和服务的消费篮子的完全一致性。

购买力平价模型通常由一个绝对形式和一个相对形式组成。

(二) 绝对购买力平价模型

$$\text{购买力平价汇率} = \frac{\text{外国货币的价值}}{\text{本国货币的价值}} = \frac{\text{外国货币的购买力}}{\text{本国货币的购买力}}$$

$$= \frac{\dfrac{1}{\text{外国货币的物价水平}}}{\dfrac{1}{\text{本国货币的物价水平}}} = \frac{\text{本国货币的物价水平}}{\text{外国货币的物价水平}} \tag{2.1}$$

如果用 S^{PPP} 表示购买力平价汇率,用 P 表示本国物价水平,用 P^* 表示外国物价水平,则式(2.1)可以表示为

$$S^{\text{PPP}} = \frac{P}{P^*}$$

当外国物价水平不变时,本国物价水平上升意味着本国汇率水平上升,即本国货币贬值;本国物价水平下降意味着本国汇率水平下降,即本国货币升值。

(三) 相对购买力平价模型

考虑到时间由 $t-1$ 期推移到第 t 期,两国物价水平将由 P_{t-1}(或 P_{t-1}^*)变化为 P_t(或 P_t^*),汇率水平也随之由 S_{t-1} 变化为 S_t。则

$$\Delta S^{\text{PPP}} = \frac{S_t - S_{t-1}}{S_{t-1}}, \quad \Delta P = \frac{P_t - P_{t-1}}{P_{t-1}}, \quad \Delta P^* = \frac{P_t^* - P_{t-1}^*}{P_{t-1}^*}$$

则

$$\Delta S^{\mathrm{PPP}} = \frac{S_t}{S_{t-1}} - 1 = \frac{P_t/P_t^*}{P_{t-1}/P_{t-1}^*} - 1 = \frac{P_t/P_{t-1}}{P_t^*/P_{t-1}^*} - 1 = \frac{\Delta P + 1}{\Delta P^* + 1} - 1$$

$$= \frac{\Delta P - \Delta P^*}{\Delta P + 1} = (\Delta P - \Delta P) - \frac{\Delta P^*(\Delta P - \Delta P^*)}{\Delta P + 1} \tag{2.2}$$

因为

$$\frac{\Delta P^*(\Delta P - \Delta P^*)}{\Delta P^* + 1} \to 0$$

所以

$$\Delta S^{\mathrm{PPP}} = \Delta P - \Delta P^* \tag{2.3}$$

式(2.3)就是相对购买力评价模型，即本国汇率水平变化率决定于本国物价水平变化率与外国物价水平变化率之差。

三、购买力平价与实际汇率

(一) 实际汇率

实际汇率并不是一个真正意义上的汇率，它是用于衡量名义汇率相对于均衡汇率偏离程度的指标。如果用 Q^{PPP} 来表示基于购买力平价的实际汇率，用 S 表示名义汇率，则基于购买力平价的实际汇率计算公式为

$$Q^{\mathrm{PPP}} = \frac{S}{S^{\mathrm{PPP}}} = \frac{SP^*}{P} \tag{2.4}$$

式(2.4)表明，当实际汇率等于 1 时，名义汇率处于均衡状态。

(二) 实际有效汇率

由式(2.4)可以看出，实际汇率的测算一般基于双边汇率，这种测算能够比较具体地说明本币汇率相对某一种具体的外币而言是升值还是贬值。但是一国的国际贸易并不只是双边的，而是多边的，一国货币是升值还是贬值，并不仅仅取决于一个贸易伙伴国情况，而是取决于所有贸易伙伴国情况。如果用 W_{ij} 表示 i 国与第 j 个贸易伙伴国的贸易份额，S_{ij} 表示 i 国货币对 j 国货币的名义汇率，则实际有效汇率的测算公式为

$$Q_{ij}^{\mathrm{PPP}} = \sum_{j=1}^{n} W_{ij} \frac{S_{ij}}{S_{ij}^{\mathrm{PPP}}} = \sum_{j=1}^{n} W_{ij} \frac{S_{ij} P_j}{P_i} \tag{2.5}$$

其中，$\sum_{j=1}^{n} W_{ij} = 1$。

实际有效汇率的测算一般还可以采用几何平均法，其计算公式为

$$Q_{ij}^{PPP}=\prod_{i=1}^{n}\left[\frac{S_{ij}}{S_{ij}^{PPP}}\right]^{W_{ij}}=\prod_{i=1}^{n}\left(\frac{S_{ij}P_j}{P_i}\right)^{W_{ij}} \tag{2.6}$$

其中，$\sum_{j=1}^{n}W_{ij}=1$。

（三）外部实际汇率与内部实际汇率

将国民经济部门分为贸易品部门和非贸易品部门，价格也可分为贸易品价格和非贸易品价格，实际有效汇率也可分为外部实际有效汇率和内部实际有效汇率。

1. 外部汇率与内部汇率

外部汇率是指由两国贸易品相对价格决定的汇率。用 S_f^{PPP} 表示基于购买力平价的外部汇率，用 P^T 表示本国贸易品部门的价格，用 P^{T*} 表示外国贸易品部门的价格，则基于购买力平价的外部汇率可表示为

$$S_f^{PPP}=\frac{P^T}{P^{T^*}} \tag{2.7}$$

相应地，内部汇率是指由本国贸易品部门与非贸易品部门相对价格决定的汇率。如果用 S_{IN}^{PPP} 表示基于购买力平价的内部汇率，用 P^N 代表本国非贸易品的价格，则基于购买力价的内部汇率可表示为

$$S_{IN}^{PPP}=\frac{P^N}{P^T} \tag{2.8}$$

式(2.7)和式(2.8)具有与式(2.2)相对应的经济内涵。

2. 外部实际汇率与内部实际汇率

内部实际汇率是基于非贸易品视角对本币汇率进行的评估，同样外部实际汇率基于可贸易品视角。如果用 Q_f^{PPP} 表示基于购买力平价的外部实际汇率，用 Q_{IN}^{PPP} 表示内部实际汇率，计算公式为

$$Q_f^{PPP}=\frac{S}{S_f^{PPP}}=\frac{SP^{T^*}}{P^T}$$

$$Q_{IN}^{PPP}=\frac{S}{S_{IN}^{PPP}}=\frac{SP^T}{P_N} \tag{2.9}$$

3. 外部实际有效汇率与内部实际有效汇率

根据实际有效汇率的内涵来定义外部实际有效汇率和内部实际有效汇率，使得外部实际有效汇率更具有实际意义。外部实际有效汇率的测算公式可以参照式(2.5)和式(2.6)推导出。

四、购买力平价理论的修正和扩展

（一）长期 PPP 偏离模型

为揭示购买力平价作为均衡汇率解释理论而产生的系统性偏差，以巴拉萨(Balassa，1964)和萨缪尔森(Samuelson，1964)为代表的经济学家对简单购买力平价假设进行修正和扩展，试图使购买力平价长期偏离的存在合法化，从而构建最著名的哈罗德-巴拉萨-萨缪尔森模型。

其基本观点是：假定一价定律在贸易品中成立，劳动生产力的增长必将引起贸易品部门工资上涨，如果名义汇率不变，贸易品价格也不变，不会导致物价上涨，则一价定律继续成立。但是如果非贸易品部门工人要求工资相应上涨，则会引起居民消费价格指数(consumer price inder，CPI)上升。当国内 CPI 向上变动与名义汇率变动不相一致时，即使在贸易品部门与非贸易品部门均衡增长的情况下，如果非贸易品部门是劳动密集型部门，那么也会导致非贸易品部门的价格上升。

（二）有效市场 PPP 模型

20 世纪 80 年代后，尽管传统理论受到质疑，但罗尔(1979)、阿德勒和利曼(1983)都假定国际金融市场是有效的，且预期实际利差是一个常数，并认为对 PPP 的偏离(实际汇率)应该服从随机游走过程，即一个鞅过程。对此，他们建立了一个被称为“有效市场 PPP”或“事前 PPP”模型，即阿德勒-利曼模型和罗尔模型。

（三）成本平价理论

经济学家布里斯曼于 1933 年首先提出成本平价理论，并由汉森、霍塔克和奥费塞进一步完善。其基本内容是：生产成本比产品价格更能代表长期价格水平。成本平价理论不仅能反映一国货币是否升值过高，还能反映一个国家在世界市场上的竞争能力，而购买力平价理论却不能衡量一国在世界市场上的竞争能力。

关于成本平价的具体形式，布里斯曼认为应该用单位要素成本来表现成本。但是实际上很难获得有关资料，为此，霍塔克在 20 世纪 60 年代初指出，以单位产品要素成本为基础的绝对成本平价会与单位产品劳动成本更接近，因为劳动是最重要的生产要素。基于此，奥费塞在 1974 年提出劳动成本平价基本形式。其分析框架如下：假设市场是完全竞争市场，两国总生产函数差别是中性的，并且是一个固定效率要素，那么这个差别可以表达为两国劳动生产率之比。若用 MPL 和 MPL^* 表示本国和外国劳动边际产品，用 PR 和 PR^* 表示本国和外国劳动生产率，用 P 和 P^* 表示本国和外国产品价格，用 W 和 W^* 表示本国和外国工资率，则由两国总生产函数差别中性假设可得：

$$MPL = (PR/PR^*)MPL^* \tag{2.10}$$

因为是完全竞争市场，所以工资率等于劳动边际收益，即

$$W = P \cdot MPL, \quad W^* = P^* \cdot MPL^* \tag{2.11}$$

将式(2.11)代入式(2.10)，可得：

$$W/P = (PR/PR^*) \cdot (W^*/P^*) \tag{2.12}$$

对式(2.12)进行整理，可得：

$$S^{PPP} = \frac{P}{P^*} = \frac{W}{W^*} \cdot \frac{PR^*}{PR} \tag{2.13}$$

式(2.13)即为汇率决定的劳动成本平价。

对于奥费塞提出的劳动成本平价形式，许多经济学家，如哈伯勒、梅茨勒与欧斯沃思、斯特思以及萨缪尔森等均提出不同的批评。劳动成本平价似乎需要进行更多改进。但是劳动成本平价理论给出了决定汇率的微观基础，这是非常重要且难能可贵的。

第二节　汇率贸易收支效应弹性分析法

早期汇率水平变动的贸易政策效应理论集中体现在重商主义的对外贸易学说方面。重商主义理论认为金银是一国的财富之源，倡议国家通过汇率管制等政策扩大顺差。大卫·休谟(1752)对此提出了批判，指出“商品的价格与货币数量成比例”这一说法，贸易顺差并不能增加一国的国民福利。休谟指出，一国的贸易收支可以通过以下渠道自动获得平衡：① 贸易收支出现逆差(顺差)—外汇储备减少(增加)—本币贬值(升值)—进口商品价格提高(降低)；② 出口商品价格降低(提高)—进口减少(增加)；③ 出口增加(减少)—贸易收支改善(恶化)。休谟的这一说法既指出汇率变化是贸易收支变动的结果，同时也表明政策性汇率变化可以通过改变商品相对价格，从而改变国际收支。这一效应是否存在？经济学家们采用了各种国际收支调节理论对比开展研究，包括

弹性分析法、对外贸易乘数法、吸收分析法和货币分析法等。

与其他关注经济总体运营与货币效应不同，弹性分析法更加关注汇率对贸易收支的调节。琼·罗宾逊(J. Robinson，1937)在马歇尔(Marshall，1923)微观经济学的基础上展开系统性研究并开创了弹性分析法(elasticity approach)。在此之前，Taussig(1917)，Bickerdike(1920)等人做出了奠基性工作；之后，Lerner(1944)，Metzler(1948)等对其核心思想的形成做了重要补充。罗宾逊(1958)提出“支出转移政策”，即让本国居民和外国居民在本国产品和外国产品之间转移以恢复国际收支均衡的政策，汇率改变就是其中的重要手段。图 2.1 反映了货币贬值对贸易的影响，其中 MD 是本国进口商品需求曲线，同时也是外国商品价格(P^*)和汇率(E)的函数，XD 是本国商品的国外需求曲线，亦是本国商品用国外价格表示(P/E)的函数。当汇率从 E 变为 E' 时，表现为进口数量减少与出口数量增加。该理论认为本币贬值可以改善贸易收支，如 D. Himarios(1985)利用 Mile(1979)的分析框架揭示，本国货币贬值有利于增加贸易顺差，其关键在于该国的相对价格效应及其影响的长期滞后结构。S. Wang(1989)以多产品多恩布什型模型论证了货币贬值对贸易平衡的正向货币效应。F. Koray(1990)通过构建两国模型，分析表明贸易逆差可以通过本币贬值得到改善。

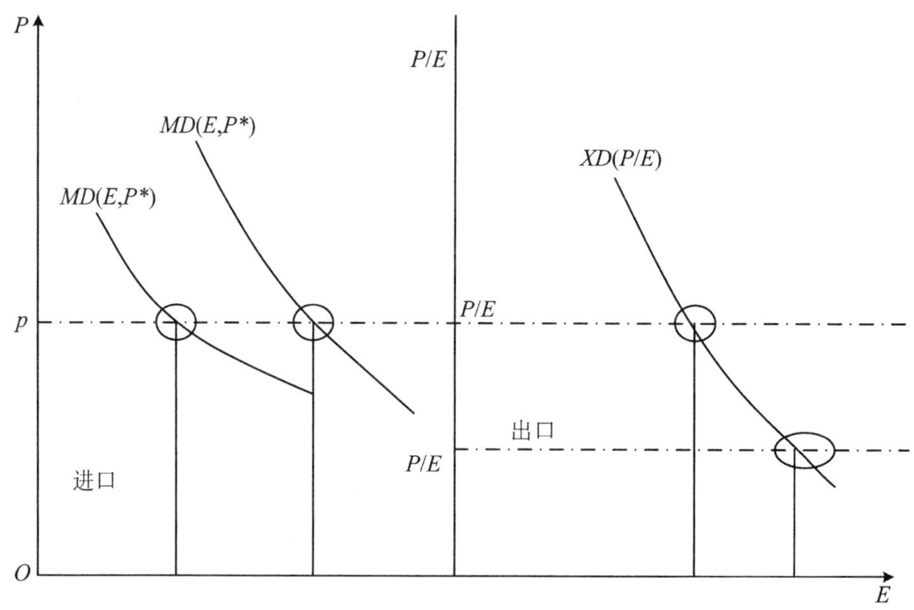

图 2.1　货币贬值对国际贸易收支的影响

一、临界弹性与马歇尔-勒纳条件

马歇尔-勒纳条件，又称比克戴克-罗宾逊条件，是贸易收支平衡弹性分析方法的核心。勒纳(1944)从定量分析角度阐明汇率变动是否能对贸易收支起作用，完善了马歇尔和罗宾逊关于进出口弹性与货币贬值的贸易条件效应研究。

$$\mathrm{d}B = P_x \cdot \mathrm{d}x - P_m \cdot m \cdot \mathrm{d}m - P_m \cdot r \cdot \mathrm{d}m - P_m \cdot \mathrm{d}r \cdot \mathrm{d}m \tag{2.14}$$

式(2.14)表明，汇率变动($\mathrm{d}r$)引起进出口数量变化($\mathrm{d}m$,$\mathrm{d}x$)，从而引起国际收支变化。其中，P_x、P_m 分别表示出口品出口国国内价格、进口品出口国国内价格，r、m、x 分别表示一国汇率、进口量与出口量。式(2.14)表明一国贸易收支平衡对汇率变动的反应。

$$\frac{\mathrm{d}B}{\mathrm{d}r} = P_m \cdot m \cdot \mathrm{d}r\left(\eta_x \frac{P_x \cdot x}{r \cdot P_m \cdot m} - 1 + \eta_m\right) \tag{2.15}$$

式(2.15)成立的前提条件是：贸易品供给弹性无穷大，且最初的国际收支接近均衡状态，除了汇率，在其他贸易条件不变的假设前提下，贸易收支平衡取决于该国进口品需求弹性与出口品需求弹性之和，即 $\eta_x + \eta_m$。若 $\eta_x + \eta_m > 1$，式(2.15)>0，本币贬值(r 上升)有利于改善贸易收支(增加顺差)；若 $\eta_x + \eta_m < 1$，式(2.15)<0，则本币升值(r 下降)有利于改善贸易条件。马歇尔-勒纳条件为：$\eta_x + \eta_m > 1$。

然而，马歇尔-勒纳条件的假设往往难以实现：首先，贸易品的供给弹性不可能是无穷大；其次，一国通过汇率改变，实现其贸易收支平衡，往往发生在国际收支失衡的状态下；再次，汇率变化容易导致其他贸易条件的变化，如一国通过货币贬值来改善贸易收支条件，往往会带来贬值国家的通货膨胀，而本币升值往往导致经济紧缩政策的采用。如果放弃贸易品供给弹性无穷大，可得到比克戴克-罗宾逊-梅茨勒条件(Bickerdicke-Robinson-Metzler Condition)(Metzler，1949)

$$\frac{\eta_x \cdot \eta_m \cdot (\varepsilon_x + \varepsilon_m + 1) + \varepsilon_x \cdot \varepsilon_m \cdot (\eta_x + \eta_m - 1)}{(\varepsilon_x + \varepsilon_m)(\eta_x + \eta_m)} \tag{2.16}$$

式(2.16)大于 0 或者小于 0 成为本国货币贬值能否改善或恶化贸易收支的判别。其中，η_x 是出口品国外需求对价格的弹性($P_{x/r}$，P_x 是出口国的国内价格)，ε_x 是出口品国内供给对国内价格(P_x)的弹性，η_m 是进口品需求对进口国国内价格的弹性($r \cdot P_m$，P_m 是进口品以出口国的出口价格来表示或世界市场基准货币价格)，ε_m 是进口品出口国供给对出口国国内价格(P_m)的弹性。

马歇尔-勒纳条件的常用简单模型的推导过程如下：

P_x、p_x 分别表示一国出口商品的外币价格和本币价格，出口数量为 Q_x，P_m、p_m 分别表示进口商品的出口外币价格和本币价格，进口数量为 Q_m，因而有 $P_x = e \cdot p_x$，$P_m = e \cdot p_m$（e 为间接计价法表示的汇率）。

出口额为 $V_x = P_x \cdot Q_x$，进口额为 $V_m = P_m \cdot Q_m$，其贸易余额表示为

$$B = V_x - V_m = P_x \cdot Q_x - P_m \cdot Q_m \tag{2.17}$$

$$Q_x = Q_x(P_x)$$

$$Q_m = Q_m(p_m) = Q_m(P_m/e) \tag{2.18}$$

推导马歇尔-勒纳条件如下：

$$\mathrm{d}B/\mathrm{de} = \mathrm{d}V_x/\mathrm{de} - \mathrm{d}V_m/\mathrm{de} < 0 \tag{2.19}$$

其中，$E_x = (\mathrm{d}Q_x/Q_x)/(\mathrm{d}P_x/P_x)$ 为国外市场对该国出口商品的需求价格弹性，因而有

$$\begin{aligned} \mathrm{d}V_x/\mathrm{de} &= Qx \cdot \mathrm{d}P_x/\mathrm{de} + P_x \cdot \mathrm{d}Q_x/\mathrm{de} \\ &= Q_x \cdot px + P_x \cdot (\mathrm{d}Q_x/\mathrm{d}P_x) \cdot (\mathrm{d}P_x/\mathrm{de}) \\ &= (V_x/e) \cdot (1 + (\mathrm{d}Q_x/Q_x)/\mathrm{d}P_x/P_x) \\ &= (V_x/e) \cdot (E_x + 1) \end{aligned} \tag{2.20}$$

$E_m = (\mathrm{d}Q_m/Q_m)/(\mathrm{d}p_m/p_m)$ 是该国市场对进口商品的需求价格弹性。

$$\begin{aligned} \mathrm{d}V_m/\mathrm{de} &= Q_m \cdot \mathrm{d}P_m/\mathrm{de} + P_m \cdot dQ_m/\mathrm{de} \\ &= 0 + P_m \cdot (\mathrm{d}Q_m/\mathrm{d}p_m) \cdot (\mathrm{d}p_m/\mathrm{de}) \\ &= P_m \cdot (\mathrm{d}Q_m/\mathrm{d}p_m) \cdot (-P_m/e^2) \\ &= -(V_m/e) \cdot (\mathrm{d}Q_m/Q_m)/(\mathrm{d}p_m/p_m) \\ &= -(V_m/e) \cdot E_m \end{aligned} \tag{2.21}$$

于是可以得到

$$\mathrm{d}B/de = (V_x/e) \cdot (E_x + 1) + (V_m/e) \cdot E_m \tag{2.22}$$

因此，汇率贬值（升值）改善（恶化）贸易收支的必要条件为

$$(V_x/V_m) \cdot (E_x + 1) + E_m < 0$$

如果对外贸易发生在贸易平衡状态附近，则 $V_x/V_m = 1$，因而 $E_x + E_m + 1 < 0$，即 $E_x < 0$，$E_m < 0$，得到

$$|E_x + E_m| > 1 \tag{2.23}$$

二、汇率变动贸易条件效应

贸易条件可表示为

$$\pi = \frac{p_x}{r \cdot p_m} \tag{2.24}$$

汇率是组成贸易条件的部分，在 p_x 与 p_m 不变时，贸易条件必然与汇率反向变动，可得

$$\frac{\mathrm{d}\pi}{\mathrm{d}r} = \pi \frac{\eta_r \eta_m - \varepsilon_r \varepsilon_m}{(\eta_x + \varepsilon_x) \cdot (\eta_m + \varepsilon_m)} \tag{2.25}$$

式(2.25)表明，贸易条件的改进为一定数量出口可以换回更多的进口，当需求弹性的乘积大于供给弹性的乘积，本币贬值可以改进贸易条件。如 R. Swift(2004)在探讨实际汇率变化时指出小国开放经济贸易条件变迁具有特殊性，而大国开放降级的反应并不能如小国一样灵活。

对汇率、贸易条件与贸易流向的部分研究包括：Obstfeld(1981)探讨进口中间产品投入对宏观经济的影响，利用一个小国开放经济模型，在给定汇率水平和内生贸易条件的假定下，在短期和长期内，中间产品价格正向波动将导致实际汇率升值。Gregorio 和 Wolf(1994)分析了贸易条件、生产率和实际汇率三者之间的关系，利用小国开放经济可贸易品与非贸易品模型建立模型，对 OECD 国家进行实证分析，指出可贸易品部门较快的增长将导致贸易条件改善，并使实际汇率上升。Edwards(1990)检验了短期贸易条件变动对实际汇率以及经常项目的影响。Aizenman(1984)利用一个两期、两国模型探讨经常项目收支、贸易条件和汇率的关系。Baxter 和 Kouparitsas(2006)探讨决定双边贸易流动的因素，指出要素禀赋、汇率和经济发展程度，以及经常项目约束是决定双边贸易的因素。

三、贸易收支 J 曲线效应

弹性分析法从静态角度分析了汇率变动对贸易收支的影响。但从动态角度看，汇率调整能否起作用，还要看市场反应的“时滞”。引起时滞的因素包括：① 认知时滞；② 决策时滞；③ 供应时滞；④ 存货时滞等。如 Klaassen(2004)分析了美国与其他七国集团(G7)国家的双边贸易，发现出口受汇率影响具有一年滞后期。一般将一国货币贬值后，国际收支先表现为恶化(增大逆差)，随后得以改善(顺差增加)，并超过贬值前的国际收支水平。这样的一国时间“滞后”演化过程，称为 J 曲线(J curve)，如图 2.2 所示。Magee(1973)认为一国货币贬值后会经历三个阶段：① 货币合同阶段(汇率变化前的合同需要以原定价格、币种与数量来履行)；② 传递阶段(汇率变化后价格更新，但需求与供给刚性维持)；③ 数量调整阶段(价格与数量均发生变化)。Magee 认为，整个调整时间

一般需要半年到一年。

本国货币升值能否引起相反的变化(如Ⅱ曲线)是值得探讨的话题。同时，J 曲线所假设的汇率调整方式未被市场主体所预期(即贬值前合同均存在刚性)的一次性贬值或升值(如日本的"广场协议")，这与存在广泛预期、采取渐进形式进行的汇率调整大不相同。在后一种方式下，汇率调整是否能改变贸易收支，不仅要考察贸易流量的影响，还要考虑到国内外相对价格的变动，以及由于预期形成的柔性合同价格。如果保持名义汇率调整中实际汇率不变化，即贸易条件不变，那么可以认为汇率变动对贸易收支影响很可能为中性的。

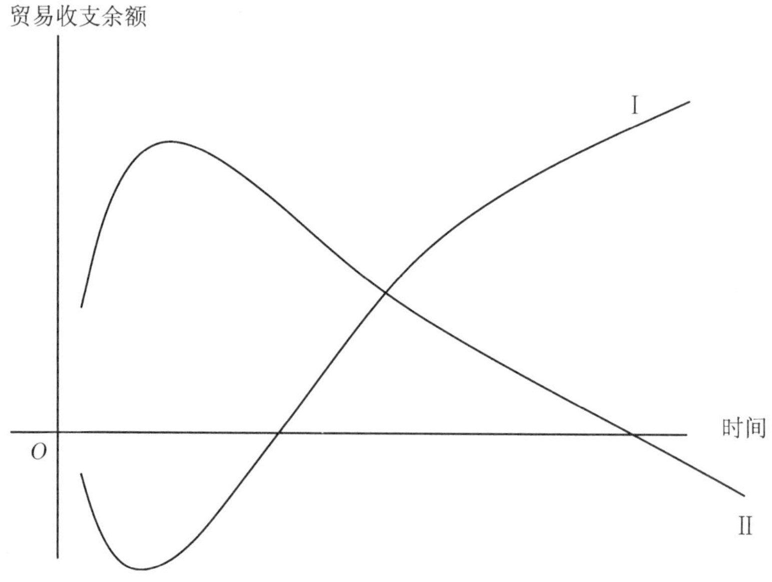

图 2.2　汇率贸易收支调节作用时滞的 J 曲线效应

对 J 曲线的研究较为深入的学者有：① J. H. Levin(1983)，考察了浮动汇率制下汇率波动以 J 曲线形式影响贸易平衡的状况，表明资本流动具有稳定汇率的作用，而汇率会在长期均衡水平附近振荡；② Bahmani(1985)，认为发展中国家的金融体系相对软弱、经济运行较为封闭、贸易逆差长期中趋于严重、进口需求刚性较高等经济因素会导致 J 曲线效应的滞后作用与持续性；③ S. S. Han 和 S. H. Suh(1996)，利用 Rubinstein 的讨价还价模型，解释了名义汇率对出口价格的传递效应，两者非对称的运行影响贸易平衡，并根据韩国的数据，验证马歇尔-勒纳条件和 J 曲线效应；④ P. Wilson 与 K. C. Tat(2001)，利用 Rose 和 Yellen(1989)的模型，以 1970～1996 年新加坡为例，发现难以验证 J 曲线效应；⑤ A. Yousef 和 T. S Wirjanto(2003)，检验了石油输出国收支在美元贬值下 J 曲线效应。

第三节　汇率变动对贸易价格传递影响

汇率变动对贸易价格传递影响一般是指汇率变动对进出口商品价格的影响。R. Dornbusch(1987)在 Dixit(1984)、Krugman(1986)等人研究基础上开创性地探讨市场定价与汇率传递效应的关系,从而将市场定价效应(price to market,PTM)引入到汇率传递效应的研究中。Dornbusch 通过“古诺(Cournot)寡头竞争”“Dixit-Stiglitz(1977)产品差异化竞争”“环形竞争”三种市场结构模型,分析不同汇率变动的传递效应在不同市场结构中的不同表现,得出“本币汇率升值将导致进口商品价格下降”的结论;他还认为在不同市场结构中,汇率传导的完全性有所不同。Dornbusch 还就美国对日本与德国的汇率变动与进出口价格变化进行了实证分析。

一、汇率价格传递效应研究发展

自 20 世纪 80 年代以来,一般将汇率传递效应定义为以国内货币表示的进口价格在汇率变化一个百分点下的变动幅度。Goldberg 和 Knetter(1997)指出,汇率传递效应被定义为当地进口价格在进口国与出口国双边汇率变动一个百分点下的变动程度。大量实证研究探讨了汇率变动的传递效应,这些实证研究大致可以分为三类:第一类集中探讨汇率变动对特定国家特定产业差别(disaggregate)价格的影响(Bache,2002;Bernhofen、Xu,2000);第二类检验汇率变动对总进口价格的影响(Hooper、Mann,1989;Webber,1999);第三类探讨汇率传递效应对于消费者价格指数(CPI)的影响(Eiji,2004;McCarthy,2000;Choudrietal,2003)。大多数关于汇率传递的实证研究关注的是工业化国家的进口价格,特别是美国和日本。Menon(1995)整理了 48 个关于实际汇率的研究,发现其中大部分研究采用了日本和美国的数据。Goldberg 和 Knetter(1997)的研究说明了 20 世纪 80 年代关于汇率价格传递效应的研究以美国的研究为主。这一时期,对于发展中国家汇率价格传递效应的一些研究也逐渐开展,如 Dowling、Rana,1995;Alba、Papell,1998;Anaya,2000;Garcia、Restrepo,2001;Goldfajn、Werlang,2000;Frankel、Parsley、Wei,2005。还有一些学者探讨了汇率变动对国家间进口价格的差异,如 Webber(1999)对亚太国家的研究。

而这一研究基于三个宏观变量：名义汇率变动、国家开放程度和通货膨胀。相比发达国家，发展中国家具有不同的特性①。

对汇率变动的传递效应研究呈现了三个特点：首先是越来越多的文献从集中探讨汇率变动对总价格水平传导拓展到对不同产业价格的研究；其次是越来越多的文献采用产业组织理论和战略性贸易理论进行阐述；再次是对于汇率变动影响 CPI 的实证研究逐渐采用新开放宏观经济学模型。

A. Atkeson 和 A. Burstein(2007)以不完全竞争和多变量国际贸易李嘉图模型探讨国际相对价格变动的含义，并从企业层面提供总价格层面的研究分析框架。他们认为，多组合贸易成本和不完全竞争都需要探讨企业的市场定价效应等。

Krugman(1987)就实际汇率与对外贸易收支关系进行研究，并且他们的研究结论也是一致的：当一个国家的货币实际有效汇率下降时，该国的国际贸易收支就会有所改善。

Meade(1988)对不同国家存在的 J 曲线效应进行了细致的研究，结果表明一个国家的 J 曲线效应取决于该国灵活的汇率机制和经济开放程度。因为贸易收支差额的变化可以借用外汇市场作为传导从而在汇率形成机制中反映出来，同时金融资产价格的变动也是以汇率变动作为其外在的表现形式，通过影响外贸商品的价格，最终影响一国贸易收支状况。

有关汇率的传递效应这一方面也有许多的经济学家进行相关的研究。R. C. Feenstra、J. E. Gagnon 和 M. M. Knetter(1995)通过计量模型来研究这一问题。他们通过对 1970～1988 年某个国家对 12 个不同目标国家市场的出口额的具体数据进行实证检验和分析，得到了这样的一个结论：市场份额和汇率的传递效应之间并不存在线性关系，两者之间的关系是非线性的。如果一个国家对出口国的目标市场的市场份额的占据达到 40%，那么此时该国汇率的传递效应是最低的；如果一个国家占据了出口国的目标市场全部的市场份额，即市场份额占有率为 100%时，此时该国汇率的传递效应是最高的。

J. M. Campa 和 L. S. Goldberg(2005)以企业为研究对象，指出汇率变动的传递效应和成本与价格差额之间存在相关性。对于一个企业而言，成本与价格的差额越小，汇率变动传递效应就越明显；反之，一个企业的成本与价格差额比较大，则其汇率变动的传递效应则相对而言更不明显。Jose(2005)基于欧盟各个不同国家的 13 个不同商品类别的进口价格数据来研究汇率变动对欧盟各

① Barhoumi K. Differences in long run exchange rate pass-through into import prices in developing countrids：an empirical investigation[J]. Economic Modelling，2006(23)：926-951.

国不同的传递效应。他首先假设了在欧盟各国的国内外不同产业中的传递效应是各不相同的，以此为前提来研究欧盟各国汇率的长期传递效应和短期传递效应。最后得出结论是：不同的国家和产业之间，他们的汇率短期传递效应存在着较大差异，同时，在汇率长期传递效应方面，国家间和产业间的完全传导和平衡传导都不能被拒绝。欧盟各国之所以存在差异化的传递效应，是因为欧盟各国的进口市场对非欧盟国家的开放程度不同。2006 年，J. M. Campa 和 L. S. Goldberg 分析了多国多产业部门的价格对汇率变动的敏感性，指出汇率变动对不同商品价格的传递是不一样的，而贸易平衡对汇率传递效应的发挥有着积极的作用。

A. Lai 和 O. Secrier(2006)运用古诺竞争框架探讨了跨国公司在汇率传导中的作用。他们指出，跨国公司能够在国外市场上实现生产，并进行企业内国际贸易，因此改变了货币的决定方式。对于跨国公司而言，汇率变动的传递效应是受到市场价格的影响的，尤其是国内的市场价格对传递效应的影响更明显一些。另外，企业内贸易价格所受到的汇率变动的影响也要比国际生产价格所受到的影响更大一些。

二、人民币汇率价格传递效应分析

改革开放以来，尤其是 20 世纪 90 年代以来，我国对外贸易的长足进展，以及我国名义汇率管理体制的改革与汇率水平长期稳定吸引了国内外经济学家们的注意，在我国汇率面临升值—贬值—升值的压力下，人民币汇率变动对我国对外贸易的影响成为研究的热点之一。

谷克鉴(2000)等人研究表明，中国如果想要扩大资本密集型产品的出口，就需要人民币汇率相对升值的支持，进而优化中国出口结构。杜进朝(2004)比较中国和日本两个国家各自的出口结构，通过对具体数据的分析，发现虽然长期以来我国的出口商品依旧是以劳动密集型产品的加工环节为主，但可以看到资本和技术含量正在不断地增加，这一现状体现了汇率升值对优化出口贸易结构有着积极的作用。毕玉江(2007)研究我国出口贸易中有关汇率传递的问题，并通过实证分析证明了我国出口商品价格均存在不完全传递效应，而且不同的出口商品其效应也各不相同。雷德辉(2007)分别测算了劳动密集型出口商品和资本技术密集型出口商品的汇率弹性，提出为了优化出口商品结构，不仅要提高人民币实际有效汇率，而且要缩减劳动密集型商品的相对出口额。

查贵勇和程静岚(2008)对汇率变动和出口结构的研究表明人民币汇率上升有助于扩大资本技术密集型商品的出口，但会对初级商品出口产生消极影响。人民币汇率的提高能够刺激出口企业革新相关技术、提升产品附加价值，从长期来看对我国出口结构的优化转型是有利的，同时汇率上升会使得工业制成品的进口投入率显著大于初级产品，所以汇率上升对初级产品的影响要大过对工业制成品的冲击，从而影响到贸易结构，推动贸易结构的优化升级。

一部分学者通过 GARCH 模型测定汇率波动率的方式来测量和分析汇率波动。其中多数的研究结论都指出只有长期的汇率变动才会对贸易结构产生一定的规律性影响。而从短期来看，汇率波动对贸易结构的影响则存在较大的差异。

谷宇和高铁梅(2007)通过实证分析指出，对于进出口贸易而言，汇率的短期变动主要影响的是进口贸易，至于是否会对出口贸易产生影响，则没有确切的结论，同时还指出若产生影响也是负面的。张正荣(2010)针对汇率的变化是如何影响一个国家的贸易收支这一问题，建立了不同的数据模型，从进出口商品、外贸主体、对外贸易方式等各个方面进行深入的实证分析，多角度的研究中国人民币汇率同贸易收支两者之间的相关性。龙强(2005)并不认同将汇率当作经济发展的决定性因素，他指出真正影响我国经济发展的主要因素是经济基础和内在运行质量，根据我国当前情况，人民币汇率的上升不仅不会危害我国的经济发展，反而会积极推动和激励中国产业结构的改善以及出口贸易结构的升级。费代华(2008)通过对人民币汇率与不同产业之间的相关性实证分析，得出汇率的改变会对不同的产业造成程度不同的影响，从而导致差异化的调整效应出现。汇率制度改革之后，人民币汇率变得更能够适应市场变化和需求，如果贸易政策能和当前实行的汇率制度有效结合，就有可能促进我国贸易结构优化升级。

第四节　贸易与实际汇率 BSH 效应

实际汇率决定理论的发展一般可以分为：① 购买力平价；② 巴拉萨-萨缪尔森假说效应；③ 传统的流量分析法；④ 通过货币分析开展的现代分析法等。其中，购买力平价和巴拉萨-萨缪尔森假说效应是从贸易领域来阐述实际汇率的决定，而流量分析法和货币分析则更多地从金融方面阐述实际汇率的决定。由此为明确汇率与贸易的相互作用关系，本节将综述巴拉萨-萨谬尔森假说效应的相关文献。

一、巴拉萨-萨缪尔森假说效应

巴拉萨-萨缪尔森假说效应(Balassa-Samuelson hypothesis effect,BSH),分别由巴拉萨(Balassa,1964)与萨缪尔森(Samuelson,1964)提出。巴拉萨-萨缪尔森假说效应目前已成为分析贸易发展、生产率变动与长期实际汇率的基础。这一效应也成了考察实际汇率、构建均衡汇率理论的基石,尤其是为考察资本项目尚未完全开放且生产率增加较快的赶超型的发展中国家的汇率长期发展趋势提供了重要的理论与实证支持。

巴拉萨-萨谬尔森假说效应指出,一国对外贸易的发展将引起可贸易品部门劳动生产率的提高,从而增加可贸易品部门劳动者收入。由于劳动力在国内可以自由流动,通过提高非贸易品部门产品的价格达到提高非贸易品部门劳动者收入的目的。因此,对于该国国内,其非贸易品部门产品的价格相对于可贸易品部门产品的价格必将上涨,进而提高了该国以非贸易品和可贸易品(可贸易品价格保持国际市场的一价定理)加权表示的实际汇率。所以,贸易发展较快的国家,即可贸易品的生产发展较快的国家,其实际汇率呈现上升的趋势。

巴拉萨-萨缪尔森假说效应是对购买力平价(purchasing power parity,PPP)理论的发展。购买力平价(PPP)的基础是“一价定律(law of one price,LOP)”,即不同国家商品的价格水平相互一致或变动趋于一致。根据绝对购买力平价,两种货币之间的汇率等于一个代表性商品篮子分别表示的价值之比;而相对购买力平价则认为汇率的变化与两国价格水平的变化保持一致。但在实证研究中,购买力平价往往难以得到检验。在所有试图解释购买力平价偏差的模型中,最具有影响力的就是BSH的分析框架,即经济高速增长的国家的消费者价格指数(CPI)将较经济低速增长的国家上升更快。因此,巴拉萨-萨缪尔森效应也被称为生产率震动(productivity shock)。

这一理论首先将一国的国民经济区分为可贸易品部门与非贸易品部门。从历史上看,可贸易品部门的技术进步要比非贸易品部门更快(可能是由于可贸易品更多是技术密集的农产品和加工制造产品所致),更为关键的是,技术进步的偏好在高收入国家中更为明显。可贸易部门的生产率增长将带动整个经济的工资增长,非贸易品部门的从业者通过提高非贸易品的产品价格而获得较高的工资。一国非贸易品的价格(P_n)由该国非贸易品部门的国内技术水平和可贸易品的价格(P_t 为统一的工资率,MPL_t 为一国可贸易品的边际劳动生产

率)决定[①]:

$$P_N = a_{LN} \cdot w = a_{LN} \cdot (MPL_T \cdot P_T) \tag{2.26}$$

一般可以将一国所有的可贸易品复合为一种统一的可贸易品[②]。一国在封闭经济下,参加国际贸易中的可贸易品与非贸易品的消费量和相对价格可以用图 2.3 表示。封闭经济中转换曲线(Ⅰ)与无差异曲线(X)的交点决定了两部门的消费量与相对价格;参加贸易后获得贸易利得,可贸易品的最大消费数量增加,转换曲线移动到(Ⅱ)与无差异曲线(Y)的交点决定了新的消费量与相对价格,这一价格反映为汇率。王维(2003)证明了我国贸易部门和非贸易部门的相对劳动生产率是影响人民币实际汇率波动的主要因素。

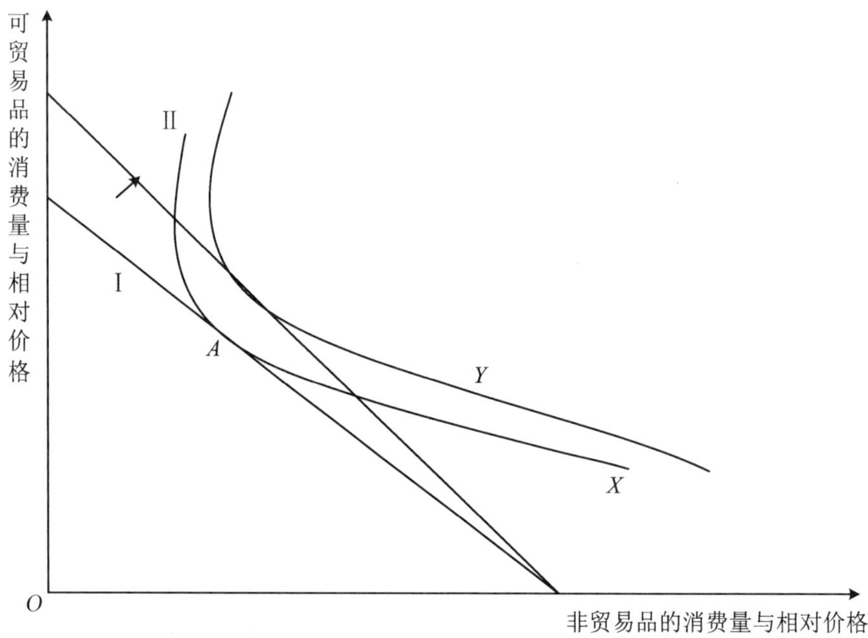

图 2.3　非贸易品与贸易品的生产替代性

巴拉萨-萨缪尔森效应克服了李嘉图模型中缺乏贸易障碍[③]对贸易流动影响的假设,从而从完全的一价定律过渡到有限的一价定律。但值得注意的是,要从巴拉萨-萨缪尔森效应中区分出与之相关的 Baumol-Bowen[④] 效应(1966)。

---

① 参考理查德·E·凯弗斯、杰弗里·A·法兰克尔、罗纳德·W·琼斯(2000),并根据平狄克、鲁宾斯坦的微观经济学(2000)作了拓展。

② 笔者对这一点存在疑虑,如各种可贸易品的可贸易性不同、运输成本不同、管制成本不同等。

③ 李嘉图模型忽略了运输成本、税收、禁运,或不可贸易品(如住房)的存在。

④ Baumol 和 Bowen(1966)指出,在一个国家中,服务集中的商品(如教育、医疗、汽车修理、银行等)存在着价格不断上升的边界效应。

从历史上看,服务领域的劳动生产率增长比资本集中的制造业显得缓慢。Baumol-Bowen 效应并不通过贸易起作用。由于非贸易品和服务产业产品中具有较大的重叠,在服务产业发展较早的国家中,非贸易品的较高相对价格需要通过这两个效应的协同解释。从长期看,虽然各国的技术存在差异,但技术信息随着人员与资本的流动,产生了长期收入趋同的倾向。在最终的分析中,购买力平价(PPP)基础上的均衡汇率是一个经验实证论题。

二、贸易与实际汇率 BSH 效应实证

巴拉萨-萨缪尔森假说效应提出了贸易发展引起可贸易品生产率提高,进而引起相对价格比的变动,即实际汇率的变动的传递效应,这一效应得到了广泛的实证检验。Balassa(1964)第一次正式提出了富裕国家具有较高的实际汇率的命题。同时检验了 12 个工业国家以截面数据回归的结果:

$$(P/SP^*)_i = \alpha + \beta(GNP/POP)_i \tag{2.27}$$

其中,P/SP^* 是指实际汇率,GNP/POP 代表人均 GNP。

Balassa(1973)发现富裕国家具有较高的(汇率调整后的)价格水平。Officer指出,Balassa 的结论是否成立和所选取的年份与国家有关。早期利用绝对购买力平价的研究还包括 Gilbert 和 Kravis(1954)、Gilbert 等(1958)、Kravis 等(1975)以及其他。Kravis 等(1988)探讨了各国的价格水平与可贸易品和非贸易品相对价格的关系。Summers 和 Heston(1991)利用更广泛的各国数据验证出在富裕国家与贫穷国家的价格水平存在着显著性差异。当把一国生产划分为可贸易品与非贸易品两个部门后,部门内的价格与收入联系并不是十分明显。

Hsieh(1982)第一次同时验证了巴拉萨-萨缪尔森效应中时间序列含义与截面数据含义,分析了日本、德国与美国在 1954～1976 年的实际汇率,其回归方程的结果,无论是采用校正的时间序列,还是利用工具变量技术,均十分显著。Marston(1987)以 1973～1983 年的日元/美元的汇率、Edison 和 Kiovan (1987)以 1874～1971 年英镑/克朗的汇率提供了有关巴拉萨-萨缪尔森效应的分析,前者的结论较为含糊,后者则十分显著。回归结果对是否引入"误差纠正"项的回归均十分敏感。Isard(1977)、Giovannini(1988)和 Engel(1993)认为可贸易品对一价定理也存在偏离,且短期内偏离的大小与方向与名义汇率变动相关。Frankel(1981)和 Dornbusch(1987)的市场定价(pricing to market)理论指出:有一定市场势力(尤其具有一定垄断力量)的供应者会在不同国家,对相

同的商品采取不同的价格[1]，而汇率变动传递的完全性将由其定价策略决定。

Froot 与 Rogoff(1991)以 1950～1989 年 22 个经济合作与发展组织国家的截面数据部门数据进行的验证，结果仅为微弱相关。Asea 与 Mendoza(1994)以动态两国一般均衡模型估算 14 个经济合作与发展组织国家在 1975～1985 年的相对价格，揭示了 Baumol-Bowen 效应，但是 BSH 效应却难以探测。Gregorio、Giovannini 和 Wolf(1994)以贸易品与非贸易品部门的生产率增长来解释相对价格变动。Canzoneri 等(1999)提供证据表明生产率差异决定非贸易品相对价格的观点。Lothian 和 Taylor(2004)利用 19 世纪以来的数据分析美国、英国、法国的汇率变动，认为用 BSH 效应可解释 40%的数据。

近年来，不少学者把 BSH 效应方法整合到新开放宏观经济学的模型中，如 Betts 与 Kehoe(2005)、Burstein 等(2005)及其他研究试图拓展巴拉萨-萨缪尔森假说效应的假设。Fitzgerald(2003)利用分工、专业化与产业内贸易的规模效应的分析，改变了经典巴拉萨-萨缪尔森假说效应中生产一致的可贸易品的假设。Ghironi 和 Melitz(2004)提供了一个企业在相对价格变动下，商品选择投放国内国际市场的分析框架。Bergin(2005)发展了一个分析内生的可贸易性的模型，他认为商品的生产率变化将导致商品的可贸易性的变化，这样在收入与价格(包括汇率决定的相对价格)变动的情况下，贸易品与非贸易品的划分将起变化。P. R. Bergin、R. Glick 和 A. M. Taylor(2006)发展了一个可贸易性内生决定的连续商品改进模型，重新审视历史发展中的巴拉萨-萨缪尔森效应。俞生和徐新鹏(2006)利用将搜寻理论引入模型，在存在结构性失业的背景下，以中国为对象，重新考察了 BSH 效应，指出可贸易部门劳动力市场的扭曲将影响到实际汇率与 BSH 的相互作用关系，并发展了一国用来验证的实证模型。

本章小结

目前，学者们对于 BSH 效应的相关研究仍然是结论迥异。

Frankel(2006)发现巴拉萨-萨缪尔森效应存在，并且通过对 1990 年和 2000 年的结论进行比较后，发现该效应在中国存在但不显著，如 2000～2010

[1] 例如宝马品牌的轿车在中国、美国和德国的价格不同，这与宝马车作为可贸易品，却不存在灰色市场(gray market)与套利行为相悖。这表明，可贸易品与非贸易品的划分并非绝对两分的关系，各种商品存在不同的可贸易性。

年人民币的实际汇率仅降低一半。

俞萌(2001)对1984～2001年中国和美国的相应数据对人民币实际汇率作了实证分析,用中国和美国的消费物价指数对名义汇率进行调整后得到人民币实际汇率,以制造业作为贸易品部门,以服务业作为非贸易品部门,以两部门平均实际劳动工资作为劳动生产率变量,通过协整分析也证实了巴拉萨-萨缪尔森效应存在,但是王维(2003)观点的主要缺陷是,两部门的平均实际劳动工资并不能够准确表示两部门的劳动生产率,他以此作为解释变量不够严谨。鄂永健、丁剑平(2007)的两国动态一般均衡模型对巴拉萨-萨缪尔森效应模型进行了扩展,发现一国贸易品部门生产率的提高并不一定引起本币实际汇率升值,但是通过在差别消费权重的假设条件下对生产率和人民币实际汇率进行实证检验,发现我国贸易品部门生产率提高会引起人民币实际汇率升值。卢锋对人民币实际汇率进行的一系列研究,卢锋、韩晓亚(2006)通过对多国截面数据进行分析发现,虽然整体显示存在巴拉萨-萨缪尔森效应关系,但是由于在不同收入区段存在着显著差别,在统计上表现为可能存在异方差问题;通过进一步对11个发达国家(西欧国家和日本)和7个经济增长较快的发展中经济体在经济追赶过程中实际汇率的变动态势进行观察和分析,发现对于高收入经济体,巴拉萨-萨缪尔森效应比较显著,不过对于发展中经济体,结论却不一致。例如,新加坡、韩国、中国香港、中国台湾的实际汇率变化和经济增长有着显著的一致性,但是墨西哥、马来西亚和泰国的经济追赶绩效不如上述国家和地区,其实际汇率变动的差异性比较大,与经济增长的变化方向往往不一致。卢锋从我国贸易品和非贸易品部门的角度对部门生产率、工资、单位劳动成本变化与一系列发达国家进行比较,从巴拉萨-萨缪尔森效应的角度考察人民币实际汇率变动趋势和特点。

卢锋(2006)结合我国经济体制转型的特点,分析了计划经济体制扭曲对人民币实际汇率变动趋势的影响。卢锋(2006)根据我国国际收支双顺差形成的原因及其与人民币汇率的变化关系,并结合宏观经济周期、外部冲击、汇率政策变动等中短期因素,分析了人民币名义汇率和实际汇率的变动。

Coudert和Couharde(2005)通过面板回归发现人民币实际汇率的变动并不符合巴拉萨-萨缪尔森假说,并认为巴拉萨-萨缪尔森假说效应不存在的主要原因有:① 中国存在价格管制,生产率的提高并不一定引起价格的上升;② 中国并不存在着完全的要素市场,不仅国际资本的流动存在着限制,劳动力也不能自由流动,限制了工资的均等化。由于传导机制受阻,巴拉萨-萨缪尔森假说效应在中国不能实现。

林毅夫(2007)也针对卢锋的研究结论提出了异议,他认为巴拉萨-萨缪尔森假说效应的实现需要经过一系列的逻辑环节，比如劳动力市场是统一的；劳动力市场之间的竞争提高了非贸易品部门的工资水平，非贸易品价格因为工资成本上升而上升，而国内的总体价格水平因为非贸易品价格上升而提高；除了生产率因素之外，其他因素也会影响工资和价格的变动。我国贸易品价格下降，非贸易品价格上升，非贸易品部门提高的速度高于其生产率提高的速度，这种情形也不完全符合巴拉萨-萨缪尔森假说效应的假设条件。因此，他认为卢锋的政策建议也值得商榷。

第三章　产业与市场中汇率贸易效应机理分析

人民币汇率之所以能够产生商品贸易结构效应，是因为汇率作为价格变量，作用于生产、市场与交易全过程的综合传递。汇率的贸易结构传递效应取决于生产与市场弹性，以及原贸易结构状况。本章以古诺市场为例，将柯布-道格拉斯生产函数引入古诺市场结构，同时将资本要素跨国流动引入市场结构，通过对古诺竞争模式下汇率传导效应进行机理分析，探讨类别商品的市场结构差异(a 和 b)对汇率类别商品传导效应的影响，从而得到以市场结构划分的汇率贸易结构传导效应机制。

第一节　古诺市场中汇率价格传递效应

古诺市场提供了一种探讨产品差异化程度较低的商品，即具有一致价格的商品数量竞争模型。以 Dornbusch(1987)探讨汇率变动价格(PPT)效应的经典论文所设定的古诺市场为市场竞争结构，将柯布-道格拉斯生产函数(Cobb-Douglas production function)作为产业生产结构中，将 Dornbusch 所探讨的总出口(进口)价格传递效应拓展为贸易量传递效应，进而探讨贸易结构效应。由于两国假定的贸易模型中，进口贸易是出口贸易的镜像，因而针对出口贸易的分析也适用于进口贸易的分析。按照可贸易商品的“一价定理”给出汇率定义，在价格经过关税和交易成本调整后，汇率可表示为

$$p = ep^* \tag{3.1}$$

其中，p 是进口国的可贸易品的价格，p^* 是该可贸易品出口国的价格，e 是按照出口国间接标价法的汇率。直接表示的式(3.1)代表绝对购买力平价成立；式(3.2)也可以以价格和汇率变量的一阶差分的形式给出，即代表相对购买力平

价在进出口国之间成立。如果 p 与 p^* 分别代表进口国和出口国以总贸易商品代表的 GDP 缩减指数，两国间的实际汇率可以表示为

$$B = p/(ep^*) \tag{3.2}$$

一、古诺模型中汇率价格传递效应

在 Dornbusch(1987)的论文中，假定存在古诺(Cournot)式的市场结构，且存在线性市场需求数量函数，即市场需求函数为

$$Q_d = a - bP \tag{3.3}$$

其中，Q_d 为进口国市场上商品的总供应量，包括进口国国内企业提供与出口国通过国际贸易向进口国提供两部分。P 为商品在进口国市场上的统一价格，a 和 b 为市场参数，且 $a>0$，代表了进口国的最大市场容量，$b>0$ 代表了市场需求数量对价格变量的反映程度。由于进口国市场上的商品存在两者供应商，即国内的供应商与出口国的供应商，因而市场的总供应量为

$$Q_s = nq + n^* q^* \tag{3.4}$$

其中，Q_s 为进口国市场的商品总进口量。当市场出清，即价格对生产和市场的传递都不存在“时滞”时，$Q_s=Q_d=Q$。N 为商品的进口国国内供应商数目，$i=1,2,\cdots,n$ 代表其中的任一家进口国供应商，假定所有的进口国国内供应商状况一致，其供应量为 q；而 n^* 是商品的国外(出口国)供应商数目，$j=1,2,3,\cdots,n^*$ 代表其中的任一家出口国供应商，也假定所有国外供应商状况一致，一家国外供应商的供应量为 q^*，但进口国国内供应商和国外供应商的状况不一致。

进口国供应商按照利润最大化形式组织生产，Dornbusch(1987)假定在任何产业中的企业都拥有一个线性技术(linear technology)，因而其生产成本可以完全以工资代表，即以进口国货币和出口国外货币表示的单位劳动成本分别定义为 w 和 w^*。本章对这一假定做出修改，以利于将生产环节引入汇率传导的探讨中。假定进口国和出口国的生产技术按照柯布-道格拉斯(C-D)生产函数的形式给出，假定按照 C-D 生产函数给出的出口商品单位生产成本为 c 和 c^*。因而，可以获得国内供应商想得到最大化的利润函数为

$$\pi_i = (P - c) \times [a - bP - (n-1)q - n^* q^*] \tag{3.5}$$

而国外供应商的利润函数可以表示为

$$\pi_j = (P/e - c^*) \times [a - bP - nq - (n^* - 1)q^*] \tag{3.6}$$

按照式(3.5)和式(3.6)，Dornbusch 得到进口国国内供应商和出口国供应商的数量竞争模式图如图 3.1 所示。

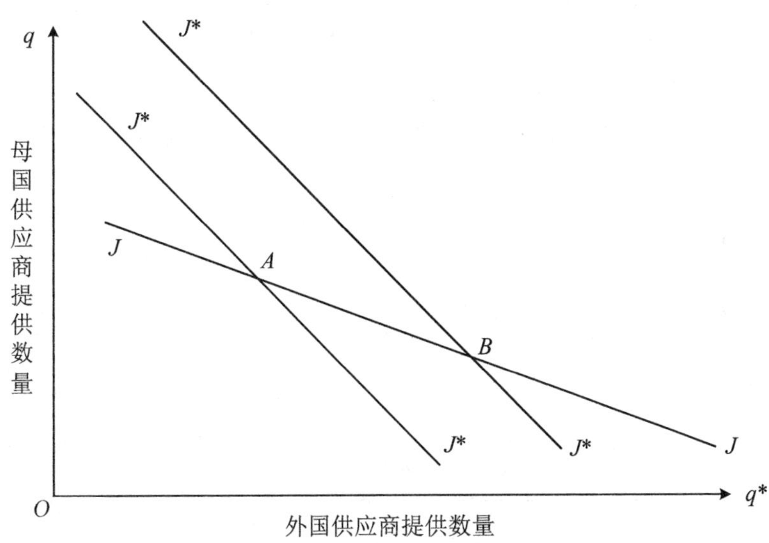

图 3.1　古诺模型中国内外供应商利润最大化数量竞争模式

图 3.1 中，进口国供应商的市场反应函数是 JJ；出口国供应商的市场反应函数是 J^*J^*。在古诺模型的纳什(Nash)均衡条件下，A 点是进口国和出口国供应商提供量的均衡点，这一均衡点给出了国内企业与国外企业的均衡产量。而获得均衡的价格可以表示为

$$P=(nc+n^*ec^*)/N+a/(bN) \tag{3.7}$$

其中，$N\equiv n+n^*+1$。图 3.1 给出了汇率变动情况下的均衡供应量偏移。当存在出口国货币汇率相对进口国货币贬值时，即 e 下降时，导致了 J^*J^* 曲线向外移动，国外商品销售的份额上升。在最初的销售水平上，市场中单独的国内外供应商都面临一个给定的以进口国货币表示边际收益的曲线。在出口国货币相对贬值后，进口国货币的边际成本下降了。因此，将扩大市场供应量，均衡点推移到 B 点。出口国供应商将增加产出，而进口国供应商则收缩其产出。商品以进口国国内货币表示的价格下降。因而进口国商品价格与汇率(e)之间存在系数为 n^*c^*/N 的线性关系。在汇率变动状况下，进口国供应商和出口国供应商的成本和利润的变化，如图 3.2 所示。

图 3.2 中，PP 代表了汇率(e)变动对进口国商品市场供应价格的作用曲线，其斜率为 n^*c^*/N。假定进口国和出口国所有生产要素均由该国国内提供，即其要素价格由国内市场决定，不受汇率变动的影响①。LL 代表了以进口

① 即假定不存在资本和劳动力等要素的跨国界流动。

国货币表示的进口国供应商的生产成本变化，即 c，而 $1-c/p$ 则代表了进口国国内供应商的利润率水平，在汇率变动情况下保持不变。$L^* L^*$ 代表了以进口国货币表示的出口国生产成本变化，即 $c^* \cdot e$，而 $1-(c^* \cdot e/p)$ 则代表了出口国供应商的出口利润率水平。以 PP 线与 LL 线、$L^* L^*$ 线的交点 B、A 将汇率(e)水平划分为三个空间：(1)、(2)和(3)。

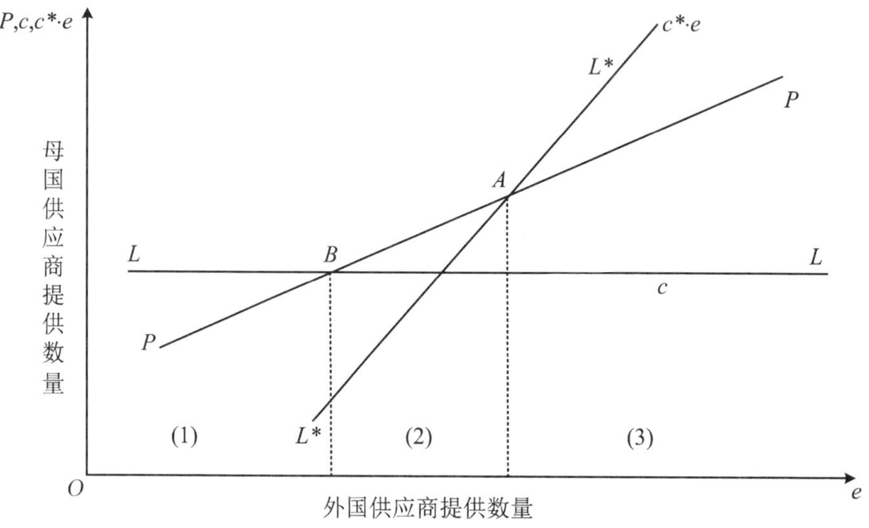

图 3.3　汇率变动对市场供应的影响图

在区间(3)内，由于出口国的货币汇率水平过高，高于出口国供应商的提供利润"止损点"(A 点，即利润为 0 的点)，出口国成本高于收益，因而出口国不能向进口国出口商品，进口国国内市场完全由进口国国内供应商垄断，而进口国国内供应商可以获得较高的利润率水平。在进口国市场中，进口国国内供应商之间按照相同的提供数量(q)进行古诺形式的竞争。

在区间(1)内，由于出口国货币汇率水平非常低，按照进口国货币表示的商品价格，兑换成出口国货币的价格远远高于成本，因而出口供应量非常高，以至于拉高了进口国以其货币表示国内市场价格，导致该价格高于进口国国内供应商的生产成本(c)，即在进口国供应商的"止损点"(B 点)左边，进口国国内供应商停止提供商品，该国市场上所有的这一商品均来自出口国。在进口国市场中，出口国供应商之间按照相同的提供数量(q^*)进行古诺形式的数量竞争。

在区间(2)内，两国间的相对汇率水平既无法将出口国的供应商挤出市场，也无法将进口国的供应商挤出市场。在进口国市场中，进口国供应商和出口国供应商分别以其供应量(qq^*)进行古诺形式的数量竞争。

以上分析可知，进口国和出口国两国间的汇率变动可以改变进口国国内市场的提供结构。出口国通过本国货币相对贬值的做法，可以增加本国企业对进口国市场的供应量，甚至将进口国企业挤出其国内市场，这种做法被称为“汇率倾销”①。而出口国本国货币的升值，则将压缩本国企业的利润率水平，甚至导致本国难以向国外市场提供商品，因而有必要探讨人民币升值的贸易效应②。

按照式(3.5)和式(3.6)确定的利润函数，企业以利润最大化开展生产，得到进口国商品的市场价格汇率弹性为

$$\eta \equiv \left(\frac{\mathrm{d}P}{P}\right) \Big/ \left(\frac{\mathrm{d}e}{e}\right) = (n^* / N) \cdot (ec^* / P) \tag{3.8}$$

Dornbusch 指出，式(3.8)表明了古诺模型中，汇率变动的价格传递效应的是：出口国向进口国的供应商的相对数目($\frac{\dot{n}}{N}$)越多，出口国供应商的边际成本($\frac{\dot{n}}{N}$)越大，汇率变动的进口国市场价格弹性就都越大。E 上升表示进口国货币贬值，进口国货币贬值会提高进口国国内市场的价格(P)。由于两者($\frac{\dot{n}}{N}$，$\frac{e\dot{c}}{p}$)的比例均小于 1，那么，进口国货币贬值提高价格的幅度要小于其货币贬值的幅度。进口国货币贬值程度越大，进口国国内供应商提供商品的竞争力就越强(即价格形成中的边际成本部分就越小，边际利润率越高)，出口国商品在进口国市场所占的比重也就越小。而($\frac{\dot{n}}{N}$)则表明，在古诺形式的对称假定下，供应商数目对汇率变动的价格弹性的程度具有较大的影响。

如果进口国国内供应商数目(n)较少，即进口国国内厂商对进口国该商品的市场提供为相对垄断形式(假定一家进口国供应商的 q 较大)；而出口国供应商的数目(n^*)较多，即出口国厂商对进口国该商品的市场提供为相对完全竞争形式(表明每家出口国供应商的 q^* 很小)，那么进口国国内市场价格对汇率变动的反应较大，这是因为引起价格变动的数目巨大的出口国供应商之间的竞争使得以出口国货币表示的出口价格(P/e)在边际价格(c^*)附近，n^* 数目越大，P/e 朝 c^* 靠近的程度就越大。这一状况与当前我国许多行业的出口情况符合的程度较高。当前我国出口的多数行业，尤其是劳动密集型的加工制造业，很多以中小企业向国外市场提供商品的形式开展，且出口企业的利润水平多数较低；而国外竞争企业的数目相对较小，其规模大于我国出口企业，其市场

---

① 2003 年 9 月初，美国要求中国实行浮动汇率，但遭到拒绝。参议员舒默和格雷厄姆以中国“操纵货币”为名，提出对所有进口的中国产品施加 27.5%的惩罚性关税的法案。

② 谷任，吴海斌. 汇率变动、市场份额与中国纺织品服装出口竞争力[J]. 世界经济，2007(3).

利润水平也高于我国出口。这种情况下，市场价格对汇率变动反映程度非常之高。

对于相反的情形，即进口国国内供应商数目(n)非常多，即进口国国内厂商对进口国该商品的市场提供为完全竞争形式(表明每家出口国供应商的 q 较小)；而出口国供应商的数目(n^*)较少，即出口国厂商对进口国该商品的市场提供为相对垄断竞争形式(假定每家出口国供应商的 q^* 较大)。如果进口国供应商和出口国供应商提供的商品不能有效区分，即不是差异产品，则两者的价格区域一致，即 P。这种情况下，即使汇率变动幅度较大，且进口国对国外商品的进口依赖程度较高，汇率变动也难以引起进口国国内价格的较大幅度变动。比如我国的粮食进口就属于这一类。加入 WTO 之后，我国大量从美国进口小麦、大豆、玉米等农产品，希望以此来将大幅度降低我国的农产品价格，但实际上却没有做到。这是由于国外的供应商供应规模较大，而我国的供应商，即农民，处于完全竞争的小农状态(q 非常小，n 接近无穷多)。因而国内外供应商均将把价格定为在利润最大化的水平上，即垄断供应商(国外)活动的利润较多，而完全竞争供应商(小农)基本上没有获得劳动力成本以上的利润。

对于国内外供应商比例相当的情况，即当 $n \approx n^*$，(n^*/N)项是构成汇率价格弹性差异的非主要部分，而(ec^*/p)项，即出口国的生产成本与价格比是构成汇率价格弹性差异的主要部分。如果这一比重较小，汇率价格弹性将比较小，即竞争将使出口国的供应商愿意承担因部分的汇率变动引起的利润损失。而在多国形式下，ec^* 部分也可以理解为替代成本，即出口国出口到第三国的收益，如我国的石油进口。我国国内的石油产品供应商和国际石油供应商数据均较少，基本处于垄断竞争的状态。我国的汇率变动，比如人民币升值，能否降低我国国内石油产品(如汽油)的价格，不仅取决于我国人民币汇率(e)升值的程度，还取决于国际石油价格的变动。国际石油价格代表了国外采油商向我国提供石油的替代成本(c^*)，如果我国的原油价格(折算成美元)高于国际原油价格较多①，那么即使人民币升值，也较难改变我国国内的石油产品价格；如果我国的原油价格(折算成美元)与国际原油价格接近，那么人民币升值将降低我国国内市场上以人民币表示的石油产品价格。

二、古诺模型中汇率贸易量传递效应

根据以上分析得到，出口国供应商和进口国供应商交易金额可用公式表

① 若我国国内市场原油价格低于国际市场较多，国外将不向我国市场供应原油。

示为

$$V = PQ = P \cdot (a - bP) = aP - bP^2 \tag{3.9}$$

且得到汇率变动的总提供数量弹性和提供值弹性，分别为

$$\begin{aligned} A &\equiv \frac{\mathrm{d}Q}{Q} \Big/ \left(\frac{\mathrm{d}e}{e}\right) = \left(\frac{\mathrm{d}Q}{\mathrm{d}P} \cdot \frac{P}{Q}\right) \cdot \left(\frac{\mathrm{d}P}{P} \Big/ \frac{\mathrm{d}e}{e}\right) \\ &= (-b) \cdot (n^* N) \cdot (ec^* Q) \end{aligned} \tag{3.10}$$

$$\begin{aligned} B &\equiv \frac{\mathrm{d}V}{\mathrm{d}e} \Big/ \frac{V}{e} = \left(\frac{\mathrm{d}V}{\mathrm{d}P} \cdot \frac{P}{V}\right) \cdot \left(\frac{\mathrm{d}P}{P} \Big/ \frac{\mathrm{d}e}{e}\right) \\ &= \left(\frac{a - 2bp}{a - bp}\right) \cdot (n^* N) \cdot (ec^* / P) \end{aligned} \tag{3.11}$$

式(3.10)表明在古诺竞争模型中，对于进口国市场，其市场供应数量的汇率变动弹性可以分为两个部分：一是汇率变动引起的市场价格变化弹性，即$\eta = (n^* / N) \cdot (ec^* / P)$的部分；二是价格数量弹性，即$E = -b \cdot P/Q$的部分，定义为

$$E \equiv \frac{\mathrm{d}Q}{Q} \Big/ \frac{\mathrm{d}P}{P} = -b \cdot P/Q \tag{3.12}$$

而式(3.11)也表明在古诺竞争模型中，对于进口国市场，其市场供应值的汇率变化弹性可以分为两个部分：一是汇率变动引起的市场价格变化弹性(η)；二是价格供应值弹性，即$G = (a - 2bP)/(a - bP)$，定义为

$$G \equiv \frac{\mathrm{d}G}{G} \Big/ \left(\frac{\mathrm{d}P}{P}\right) = \frac{a - 2bP}{a - bP} \tag{3.13}$$

从式(3.13)可知，假定$\frac{a}{b} > 2P$，那么价格上涨将导致该商品的总供给(国内贸易和国际贸易)金额上升；当$\frac{a}{b} < 2P$时，该商品的价格上升将导致该商品的总供给金额下降。事实上，在按照线性的价格数量市场关系(式(3.3))中，a代表了最大需求，即$P=0$时的商品需求量，也就是商品的最大市场容量；而b代表了式(3.3)中的价格数量关系。式(3.13)表明，在古诺市场竞争模式中，最大市场容量价格弹性比$\left(\frac{a}{b}\right)$和两倍于当前价格($2P$)的大小，是检验价格变动究竟能引起进口国市场供给值增长还是引起其下降的检验标准。

而进口国市场价格的变动以式(3.8)表示，由两国的相对汇率变动引起，且在古诺模型中，价格汇率弹性(η)始终为小于1的正值。因而汇率变动对进口国市场供应值的影响究竟是增加了这一市场中的供应量还是减少了这一市场中的供应量也可以通过比较最大市场容量价格弹性比($\frac{a}{b}$)和两倍当前价格

$(2P)$的大小得到：当$\frac{a}{b}>2P$时，e对V的作用为正向，即出口国汇率贬值有利于增加交易额；当$\frac{a}{b}<2P$时，e对V的作用为负向。

上述分析虽然获得了市场总体交易受汇率变动的状况，但对于国际贸易而言，只论述了图3.2中的(1)部分，即进口国市场完全由出口国供应商提供的商品贸易价格、数量与贸易量效应。而对于存在进口国、出口国供应商竞争的(2)部分，需要首先划分进口国供应商与出口国供应商在进口国市场上的竞争结构。

按照古诺竞争中的利润最大化原则，可以得到单一进口国供应商对进口国市场的供应量为

$$q=\frac{1}{3n}\cdot(a+bec^{*}-2bc)=\frac{1}{3n}\cdot[a+b(ec^{*}-2c)] \tag{3.14}$$

而单一出口国供应商对进口国市场的供应量为

$$q^{*}=\frac{1}{3n^{*}}\cdot(a+bc-2bec^{*})=\frac{1}{3n^{*}}\cdot[a+b(c-2ec^{*})] \tag{3.15}$$

式(3.15)表明，出口国单一企业对进口国市场的出口量是市场容量(a)和相对成本差异($c-2ec^{*}$)及出口国出口企业之间的内部竞争(n^{*})的函数。进口国市场容量越大，出口国出口成本相对进口国成本越小，单一出口商出口的数量越多，而出口国出口同一商品的企业越多，在压低进口国市场价格的同时，也降低了单一企业的出口量。因此，进口国供应商和出口国供应商对进口国市场的总提供量分别为

$$Q_{\mathrm{H}}=\frac{1}{3}\cdot(a+bec^{*}-2bc) \tag{3.16}$$

$$Q_{\mathrm{T}}=\frac{1}{3}\cdot(a+bc-2bec^{*}) \tag{3.17}$$

其中，H表示为本国国内供应商提供，T表示通过国际贸易出口国供应商提供。进口国国内市场的总供应量可以表示为

$$Q=\frac{2}{3}\cdot(a-bc-bec^{*}) \tag{3.18}$$

图3.3描绘了古诺市场结构的进口国市场的商品供应(交易)数量受汇率变动的变化情况。其中，曲线$LABL$为进口国的总提供曲线，由国内供应和出口国提供两部分组成，即直线$LACL^{*}$组成的国外供应量，以及直线$L^{\#}CBL$组成的国内供应量部分。以$e=\frac{a-2bc}{bc}(L^{*})$和$e=\frac{a+bc}{2bc^{*}}(L^{*})$($2bc<a<3bc$，即进口国市场容量适中，进口国和出口国的供应商均可能进入或退出这一市场)。

$L^{\#}$左边(区域(1))表示,由于进口国的货币相对于出口国货币的汇率较高,该商品的进口国国内供应商在本国市场上无利可图,退出竞争,进口国市场完全由出口国供应商提供。而随着出口国货币汇率的升值(或进口国货币汇率的贬值),进入$L^{\#}L^{*}$之间的区域(2)。这一区域中存在出口国供应商和进口国供应商的竞争,随着出口国货币汇率的升值,在进口国该商品市场中,出口国所占的份额不断减少,进口国本国供应的份额不断上升。在C点($e=c/c^{*}$),进口国和出口国平分进口国市场,而在L^{*}点的汇率水平上,进口国国内市场的提供量最小,出口国供应商开始完全退出进口国市场。当出口国货币汇率升值到L^{*}点以上,出口国供应商完全退出了该商品进口国市场,进口国该商品的市场完全由国内供应商提供。

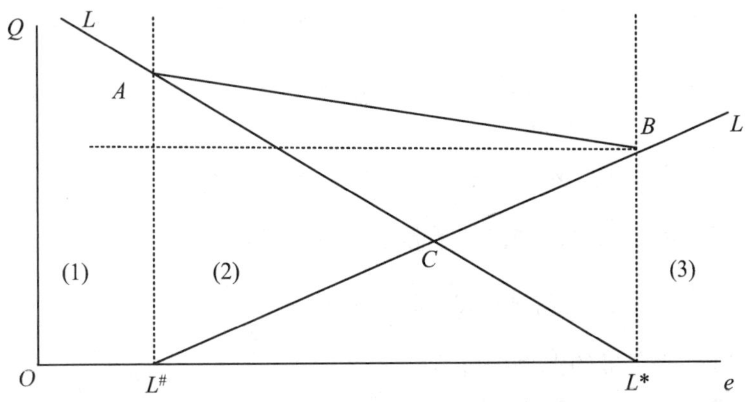

图 3.4　汇率变动与进口国市场的商品提供状况

在e上升的过程中,即随着出口国货币的升值或进口国货币的贬值),由式(3.6)可知,进口国市场的出清价格保持上升。而出口国向进口国市场的提供量不断下降①。在L^{*}之前,进口国市场中的总供应量不断下降。这表明,进口国维持较高的汇率水平,有利于获得较高的国际市场消费者剩余②。因而,在具有支付能力的情况下,进口国保持较高的本币汇率,可以认为是增加国民福利的措施。而进口国本国货币的贬值,或出口国本国货币的升值,可以将国外供应商挤出本国市场,使得国内成本较高的供应商获得市场竞争力,保护国内产业发展,因而保持国内货币贬值,或者使国外货币升值,这被认为是符合贸易

① 张明.美国经济下滑和美元贬值对中国出口和通货膨胀的影响[J].国际经济评论,2007(6):5-7.

② 消费者可以获得较低的价格(P),以及较多的市场供应量(Q)。20世纪90年代以来,我国对美、日、欧等国家保持了远低于可贸易品购买力平价水平的汇率,商品大量出口上述市场,事实上存在大量的利益外流,给美、日、欧等国家的消费者带去了大量廉价质优的商品。

保护主义原则的战略性产业政策①。

在古诺竞争模式下，AB 线的斜率和 $L^{\#}L$ 线斜率的绝对值大小一致，而 LL^{*} 线的斜率（斜率即市场结构方程中的 b）为 $L^{\#}L$ 的两倍。这表明，从静态角度来看，进口国升高本国汇率，以获得从国外进口的能力，对于增加商品的供应的作用（(1)区）要比通过降低本国汇率、采取贸易保护、培育本国产业以增加市场供应（(3)区）等做法来得迅速，即在古诺模型中，可通过汇率贬值达到保护本国产业的目的，而因进口减少引起国内市场商品供应下降的程度，要远远大于由国内产业发展导致的供应增加②的程度。

得到进口国市场中该商品的总供应值、进口国供应量和出口国供应量，可以分别表示为

$$V=\frac{2}{3}\cdot(a-bc-bec^{*})\cdot P \tag{3.19}$$

$$V_{\mathrm{H}}=\frac{1}{3}\cdot(a+bec^{*}-ebc)\cdot P \tag{3.20}$$

$$V_{\mathrm{T}}=\frac{1}{3}\cdot(a+bc-3bec^{*})\cdot P \tag{3.21}$$

因而得到汇率变动的出口国出口数量的汇率弹性（λ_T）为

$$\lambda_{\mathrm{T}}\equiv\frac{\mathrm{d}Q_{\mathrm{T}}}{Q_{\mathrm{T}}}\Big/\left(\frac{\mathrm{d}e}{e}\right)=-\frac{2}{3}\cdot\frac{bec^{*}}{Q_{T}} \tag{3.22}$$

而出口国出口贸易量的汇率弹性为

$$A_{\mathrm{T}}\equiv\frac{\mathrm{d}V_{T}}{\mathrm{d}e}\Big/\left(\frac{V_{t}}{e}\right)=1+\lambda_{\mathrm{T}}=1-\frac{2}{3}\cdot\frac{bec^{*}}{Q_{\mathrm{T}}} \tag{3.23}$$

由于 Q_{T} 为其他变量的函数。将出口贸易量的汇率弹性表示为更基本的因素，即

$$A_{\mathrm{T}}=\frac{a+bc-4bec^{*}}{a+bc-2bec^{*}}=1-\frac{2bec^{*}}{a+bc-2bec^{*}} \tag{3.24}$$

式(3.24)表明，当 $a+bc-4bec^{*}>0$ 时，即 $\frac{a}{b}+(c-ec^{*})-3bec^{*}>0$ 时，A_{T} 为正，即出口国的汇率贬值，有利于增加出口国向进口国出口该类商品贸易量

---

① 乔治·沃克·布什任美国总统期间，美国出现了巨额的贸易顺差，且经济景气度下降，因而美国采取了美元对欧元等主要货币不断贬值的措施，以增加美国产业在国内和国际市场的竞争力。同时压迫中国等贸易伙伴国家的货币升值，以降低中国等商品在美国市场的竞争力，保护本国产业发展。

② 这可以联系到美国对我国施压，期望人民币汇率升值。如果不存在有效的利润挤压空间，那么即使人民币汇率升值使美国密集型产业，如纺织服装业得到发展，其市场供应也不可能达到人民币对美元升值以前的水平。当前人民币升值使美国的消费市场受到的影响较小，是因为美国的采购商和我国的供应商之间存在较大的利润空间，可供市场挤占，存在汇率传导的“不完全性”，以即“时滞”。

的扩大，这种情况下出口国汇率升值则不利于增加该类商品的出口贸易量的扩大；当 $a+bc-4bec^{*}<0$ 时，A_{T} 为负值，这种情况下出口国的货币贬值不利于贸易发展，而货币升值则有利于增加该类商品的出口贸易量。一般情况下，由于最大市场容量 a 相对于其他变量总是较大，即可以认为 $a>4bec^{*}-bc$，则 A_{T} 为正。这样，可以认为出口国汇率贬值有利于其出口贸易的发展，而出口国汇率升值则不利于其出口贸易的发展。

第二节　产业与市场中汇率贸易效应

一、生产函数引入古诺市场

在古诺竞争模式下的汇率传导效应分析，探讨了类别商品的市场结构差异(a 和 b)对汇率类别商品传导效应的影响，得到了以市场结构划分的汇率贸易结构传导效应。本节从生产领域入手，探讨类别商品的要素密集度差异对于汇率贸易结构传递效应(SPT)的影响差异。在市场结构方面，本节采取了上一节的古诺竞争形式，即式(3.17)的出口数量。以式(3.21)的出口金额和式(3.7)的市场价格为基础展开分析，假定仍然符合市场定价和定量的原则，即我国的出口商品往往是由国际市场决定价格，而我国的出口企业大都是国际市场的完全竞争参与者。

在生产方面，即生产函数对贸易结构的影响主要体现在各类别贸易商品的成本上，假定出口国各类贸易商品[①]的生产按照柯布-道格拉斯($C-D$)生产函数的方式展开。对于任意一类贸易商品 $i, i=1,2,3,\cdots,n$，n 代表按照商品的要素密集度划分的商品类别数目，因而出口国第 i 类商品单一出口商的生产函数可以表示为

$$q=f(k,l)=A\cdot k^{\beta}\cdot l^{\alpha} \tag{3.25}$$

假定符合不存在规模效应或规模成本的假设，即存在 $\alpha+\beta=1, 0<\alpha<1$。$\alpha$ 越大，表明该类商品生产中使用的劳动力较多，即劳动密集型的程度越大；α 越小，表明该类商品生产中使用的资本较多，即资本密集型的程度越大。同样，$\beta=1-\alpha$ 代表该类商品的资本要素密集度。那么，式(3.25)可以表示为

---

① 本节只考察出口商品的情况，即上一节中的带“ * ”或下标“T”的内容，因而去掉“ * ”和下标“T”。

$$q = f(k,l) = A \cdot k^{1-\alpha} \cdot l^{\beta} \tag{3.26}$$

假定单位劳动力要素的成本为 W，单位资本要素的成本为 R，考虑到存在沉没成本，即 $R=1+r$，r 代表利息率。根据成本最小化的一阶条件，可以得到单位出口商品的生产成本为

$$c = \frac{1}{A} \cdot W^{\alpha} \cdot R^{1-\alpha} \cdot \frac{(1-\alpha)^{\alpha-1}}{\alpha^{\alpha}} \tag{3.27}$$

将单位商品的生产成本代入古诺竞争模式中，即可得到具有要素密集度的出口国汇率变动对于其出口贸易的差异影响，则

$$u(\alpha) = \frac{1}{A} \cdot \frac{(1-\alpha)^{\alpha-1}}{\alpha^{\alpha}} \tag{3.28}$$

因此，可得到古诺竞争中的第 i 类商品的出口市场价格、出口数量与出口金额为

$$P = [\bar{n}\bar{c} + n^{*} e \cdot W^{\alpha} R^{1-\alpha} \cdot u(\alpha)]/N + a/(bN) \tag{3.29}$$

其中，$\bar{n}$ 代表进口国竞争企业的数目，而 $\bar{c}$ 代表进口国企业单位商品的生产成本(上画线表示，在本部分讨论中为固定值)同样得到单一出口商和总贸易(出口)数量和贸易量的成本方程，即

$$q = \frac{1}{3n^{*}} \cdot [a + b\bar{c} - 2be \cdot W^{\alpha} R^{1-\alpha} \cdot u(\alpha)] \tag{3.30}$$

$$Q = \frac{1}{3} \cdot [a + b\bar{c} - 2be \cdot W^{\alpha} \cdot R^{1-\alpha} \cdot u(\alpha)] \tag{3.31}$$

$$G = \frac{1}{3} \cdot [a + b\bar{c} - 2be \cdot W^{\alpha} \cdot R^{1-\alpha} \cdot u(\alpha)] \cdot [\bar{n}\bar{c} + n^{*} e \cdot W^{\alpha} \cdot u(\alpha)]/N + a/(bN) \tag{3.32}$$

进而，得到汇率变动的贸易价格传递(PPT)效应，可以表示为

$$\eta = (n^{*}/N) \cdot [e \cdot W^{\alpha} \cdot R^{1-\alpha} \cdot u(\alpha)/P] \tag{3.33}$$

汇率变动的贸易数量传递效应(QPT)，可以表示为

$$B = -\frac{2}{3} \cdot \frac{be \cdot W^{\alpha} \cdot R^{1-\alpha} \cdot u(\alpha)}{Q} \tag{3.34}$$

汇率变动的贸易量传递效应(VPT)可以表示为

$$A_{iT} = 1 - \frac{2}{3} \cdot \frac{be \cdot W^{\alpha} \cdot R^{1-\alpha} \cdot u(\alpha)}{Q} \tag{3.35}$$

可以看出，汇率的传导效应因要素的成本变动而变动，上一节给出了生产成本不随汇率变动而变动时汇率的贸易结构效应。本节将探讨在汇率能够引起要素相对价格变动的情况下，汇率变动的贸易结构效应表现。

二、资本要素跨国流动引入古诺市场

假定出口商的生产要素中，劳动力要素不能跨国流动，即汇率变化不引起劳动力要素价格的变化，各国劳动力要素的价格存在差异。实际上，资本要素则能够跨国流动，资本要素在国际市场上具有“一价”性，国际上的资本要素期望得到相同的回报率。按照外币（进口国）衡量的资本价格在国际市场上需要获得相同的收益，因而存在如下的出口国内外资本要素价格关系，即

$$\frac{e'}{e}R = \bar{R} \tag{3.36}$$

其中，$\bar{R}$ 是国际市场的资本收益（利率水平），R 是国内市场的利率水平，e'是预期的利率水平。这一情况符合具有外资流动的生产状况。

因而，按照式(3.27)可以将单位商品的生产成本的柯布-道格拉斯函数改写为

$$c = u(\alpha) \cdot W^{\alpha} \cdot (\bar{R} \cdot e/e')^{1-\alpha} \tag{3.37}$$

$$v(\alpha) = u(\alpha) \cdot (\bar{R})^{1-\alpha} = \frac{1}{A} \cdot \frac{(1-\alpha)^{\alpha-1}}{\alpha^{\alpha}} \cdot W^{\alpha} \cdot (\bar{R})^{1-\alpha} \tag{3.38}$$

令 $v(\alpha)$中的各因素均与汇率无关，将其看成是汇率变动之外的因素。其中，A 和 α 由生产条件决定，W 由国内的劳动力资源禀赋状况决定，而 $\bar{R}$ 则由国际金融市场决定。那么单位生产成本和汇率的关系可以表示为

$$c = v(\alpha) \cdot (e/e')^{1-\alpha} \tag{3.39}$$

得到汇率变动与汇率预期变动对单位商品生产成本的影响，即

$$\frac{\mathrm{d}c}{\mathrm{d}e} = v(\alpha) \cdot (1-\alpha) \cdot (1/e')^{1-\alpha} \cdot e^{-\alpha} = w(\alpha) \cdot e^{-\alpha} \tag{3.40}$$

$$\frac{\mathrm{d}c}{\mathrm{d}e'} = v(\alpha) \cdot (\alpha-1) \cdot (e')^{\alpha-2} \cdot e^{1-\alpha} \tag{3.41}$$

图 3.4 中，按照 $A=W=\bar{R}=1$ 展开模拟，α 取值从 0 到 1，分别对应横轴中的 0～100 的数值（$\alpha=i/100$，对应数值 i）。纵轴为$\frac{\mathrm{d}c}{\mathrm{d}e}$和$\frac{\mathrm{d}c}{\mathrm{d}e'}$，$\frac{\mathrm{d}c}{\mathrm{d}e}$即汇率；$\frac{\mathrm{d}c}{\mathrm{d}e'}$即汇率预期。在图 3.4 中，对汇率 e 的取值为$\frac{1}{8}$；对于 e'的取值为$\frac{1}{6}$。

从以上分析可以得到：由于 $0<\alpha<1$，因而一国汇率的升值将提高一国资本要素的使用成本，进而增加一国商品的生产成本；而对一国汇率升值的预期，将导致国际资本大量流入，降低了该国使用资本要素的成本，进而降低该国商品生产的成本。就我国当前的状况而言，国际社会对我国汇率的升值预期长期

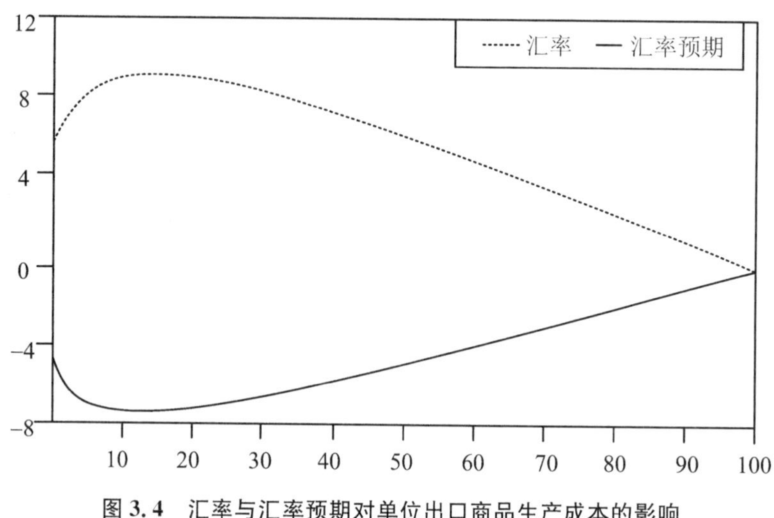

图 3.4　汇率与汇率预期对单位出口商品生产成本的影响

存在，可以认为 e' 存在较高的水平，比如 1 美元可兑换 6 元的水平。但这一水平并不发生变化，即 e' 为一固定值。在达到这一预期之前，只要我国的利率(资本收益率)水平和国际利率水平相差小于当前汇率与汇率预期之差，国际游资就将源源不断地涌进我国①，大部分成为金融资本，也有部分成为生产资本。值得指出的是，对于汇率变动的预期，往往和汇率变动的过程相伴进行，因而在总体上表现的作用并不清晰。一般认为，基于升值预期流动的往往是金融资本，而生产资本的流动，往往是由于汇率变动而具有成本变动效应。

假定 e' 为一个固定值，可知 $\omega(\alpha)>0$，不随汇率变动，那么 $\omega(\alpha)$ 的表示式为

$$\begin{aligned}\omega(\alpha) &= \upsilon(\alpha)\cdot(1-\alpha)\cdot(1/e')^{1-\alpha}\\ &= \frac{1}{A}\cdot\frac{(1-\alpha)^{\alpha}}{\alpha^{\alpha}}\cdot W^{\alpha}\cdot(\bar{R})^{1-\alpha}\cdot(1/e')^{1-\alpha}\end{aligned}\tag{3.42}$$

得到商品的生产成本-汇率弹性 π 为

$$\begin{aligned}\pi &= \frac{\mathrm{d}c}{\mathrm{d}e}\Big/\left(\frac{c}{a}\right)=\omega(\alpha)\cdot e^{1-\alpha}/c\\ &= \frac{1}{A}\cdot\frac{(1-\alpha)^{\alpha}}{\alpha^{\alpha}}\cdot W^{\alpha}\cdot\left(\frac{\bar{R}}{e'}\right)^{1-\alpha}\Big/c\\ &= (1-\alpha)\cdot\left(\frac{\bar{R}}{R}\cdot\frac{e}{e'}\right)^{1-\alpha}\end{aligned}\tag{3.43}$$

① 对于生产资本的讨论，应该和金融资本存在差异，因为各行业的利润率水平并不一致，且通过生产获得利润，存在较金融市场更为长久的风险和"时滞"效应。本节采用一个简单化的模型，因而将产业的差异因素归结在 α 上，不再讨论产业风险和利润结构的问题。

式(3.43)给出了汇率变动影响出口商品的价格弹性表达式：$\pi=1-\alpha$。这表明，当汇率具有一定幅度的变动，出口商品的成本按照 $1-\alpha$ 的幅度变动，已知 $1-\alpha$ 是商品生产的资本要素密集度，因而可知资本要素密集度较高的商品类别，其单位生产成本受汇率变动的影响也较大，但影响的程度不如汇率变动的幅度。如果不考虑市场结构，且各行业均处于完全竞争状态，可以认为汇率变动对出口贸易结构具有负向作用，出口国汇率升值对提高资本要素密集度较高的商品的成本的比重比提高劳动力要素密集度较高的商品的成本的比重大，因而出口国的汇率升值(e)上升将恶化出口国的出口贸易结构。

由上述分析可得，在资本可以跨国流动且以柯布-道格拉斯函数形式组织生产的情况下，汇率变动对出口国出口商品的各种传导效应。依据式(3.5)，得到汇率变动的贸易价格传导(PPT)效应(弹性)为

$$\begin{aligned}\eta &\equiv \frac{\mathrm{d}P}{\mathrm{d}e}\Big/\left(\frac{P}{e}\right)\\&=\frac{n^*}{N}[c+(1-\alpha)e]\frac{e}{P}\\&=(n^*/N)\cdot(ec/P)\cdot\left[1+\frac{(1-\alpha)e}{c}\right]\end{aligned}\tag{3.44}$$

比较不存在资本流动的情况，贸易价格汇率传导弹性要更大$\left[\frac{(1-\alpha)e}{c}>0\right]$，而其增大的程度与该商品中使用要素的比例有关。对于完全资本要素密集型的商品，其 $\alpha=0$，汇率变动对其出口价格的影响更大；对于完全劳动力密集型的商品，由于其生产要素完全来自国内，汇率变动对其出口价格的影响最小。

依据式(3.22)可以得到汇率变动的贸易数量传递(QPT)效应(弹性)为①

$$B\equiv\frac{\mathrm{d}Q}{Q}\Big/\left(\frac{\mathrm{d}e}{e}\right)=-\frac{2}{3}\cdot\frac{bec}{Q}\left[1+\frac{e(1-\alpha)}{c}\right]\tag{3.45}$$

与汇率变动的价格效应一致，出口国的贸易数量受汇率变动的弹性也多出了$\frac{e(1-\alpha)}{c}$，即出口国汇率升值引起贸易数量下降的程度比不存在资本流动的情况更大，且生产中使用的资本要素越多，其数量受影响的程度越大。

汇率变动的贸易量传递(VPT)效应，是出口国汇率升值引起价格上升和数量下降的综合影响。根据式(3.23)，可以得到汇率变动引起贸易量的传递效应

---

① 此处均探讨汇率变动的国家贸易传递效应，即对出口国向进口国的贸易的影响，不是进口国市场的总供应量，个变量均代表国际贸易变量。

的弹性，可以表示为

$$A \equiv \frac{\mathrm{d}G}{\mathrm{d}e}\bigg/\left(\frac{G}{e}\right) = 1 + B = 1 - \frac{2}{3}\cdot\frac{bec}{Q}\left[1 + \frac{e(1-\alpha)}{c}\right] \tag{3.46}$$

当存在国际资本流动时，汇率变动引起的贸易量传递弹性要比不存在资本流动的情况小，这是由于汇率变动引起的贸易数量的减少要比不存在资本流动情况更大。

本 章 小 结

人民币汇率之所以能够产生商品贸易结构效应，是因为汇率作为价格变量，作用于生产、市场与交易全过程的综合传递。汇率的贸易结构传递效应取决于生产与市场弹性，以及原贸易结构状况。本章以古诺市场为例，将柯布-道格拉斯生产函数引入古诺市场结构，同时将资本要素跨国流动引入市场结构，通过对古诺竞争模式下汇率传导效应进行机理分析，探讨类别商品的市场结构差异(a 和 b)对汇率类别商品传导效应的影响，从而得到以市场结构划分的汇率贸易结构传导效应机制。

汇率变动之所以会产生贸易商品结构效应，主要有以下几种原因：① 各类商品由于其市场结构不同，其贸易量价格弹性不同，因而从市场角度具有汇率变动的类别结构作用；② 各类商品由于其生产要素构成比例不同，而不同要素价格和供应量受汇率变动的影响程度不同，因而从生产的角度来分析汇率变动具有类别结构作用；③ 在商品流通过程中，各类商品在对外贸易中的交易成本并不一致，交易成本受汇率变动影响的程度也不一致，因而从交易角度来分析汇率变动具有类别结构作用。将商品的生产、市场与交易附属于商品类别的属性综合起来分析，当汇率发生变动时，商品属性决定了其贸易量受影响的方式和幅度。

本章以 Dornbusch(1987)探讨汇率变动价格(PPT)效应的经典论文所设定的古诺市场为市场竞争结构；将柯布-道格拉斯生产函数(Cobb-Douglas production function)作为产业生产结构中；将 Dornbusch 所探讨的总出口(进口)价格传递效应拓展为贸易量传递效应，进而探讨贸易结构效应。作为一个市场结构的引例，本章引入 Dornbusch(1987)探讨 PPT 效应的古诺市场结构，这一结构较为适合当前我国产品差异化较小、竞争程度较高的出口市场状态。将这一市场结构模型拓展为探讨 QPT 效应和 VPT 效应，并进一步论证了古诺市场中的贸易结构效应。在古诺市场中，汇率是作用于进口国某一商品市场结构的重要变量，汇率可以改变一种国际贸易商品在进口国的市场结构，进口国货币升值有利于增加消费者福利，而进口国货币贬值则可以保护国内产业。而对于某一商品所属的某一产业，汇率变动所能引起的消费者福利增加效益，或国内产业保护效应的程度，由某一商品的市场供应量价格线斜率(b)，即价格变动的市场交易量变动程度决定。

将柯布-道格拉斯生产函数引入古诺市场结构中，并假定资本要素可以在国际上流动，而劳动力要素不能流动。重点分析了这一情况下的汇率变动对于类别出口商品成本的影响。发现当存在资本国际流动时，出口国的汇率升值将提高本国的生产成本，对于资本要素密集度极高的商品，其成本增加得多；而对于劳动力密集型的商品，其成本增加得少。有趣的是，对于出口国汇率升值的预期来说，存在提高对汇率升值的预期可以降低出口商品生产成本的结论，且对于资本密集型商品，升值预期越高，其降低成本的作用越明显。而货币贬值对于出口商品成本的影响则正好相反。在此基础上，本章得到了在柯布-道格拉斯生产函数、古诺市场结构，以及资本跨国流动条件下的汇率贸易结构效应探讨，得到汇率贸易价格、数量和贸易量效应的关系。结论显示，受影响的程度较古诺结构时更大，而资本要素密集度越高的商品类别，价格和数量受到影响的程度就越大。因而表明，当存在要素国际流动的情况下，在符合汇率升值恶化贸易结构的条件下，与不存在资本流动的情形比较，贸易结构受恶化的程度较高，而贬值的优化作用也越高。本章还得到了汇率贸易结构效应的弹性表达式。

第四章　贸易结构及其汇率效应分析

国际贸易结构是指一国对外贸易内部结构的组成划分。按照贸易流向，可以划分为进口贸易和出口贸易。在进出口贸易中，又可以按照一定的标准划分为不同的类别，如按照贸易商品的分类方法①，可以得到商品贸易结构；从贸易进行的方式或模式划分，可以得到贸易方式（模式）结构；从贸易品的地理流向分布划分，可以分为外部市场（来源）结构和内部区域（省际）结构，等等。每一种贸易结构划分，是以一定的经济理论作为基础，如商品贸易结构划分是按照产业内涵进行，因而商品结构包含了产业产品结构的含义，而产业可以根据该产业要素密集度进行划分，如劳动密集型、资本密集型、技术密集型等，因此商品结构还蕴含着要素密集度的含义。当前国际经济学并没有就贸易结构或对外贸易结构形成统一定义。E. Helpman（1999）在对贸易结构理论的综述②中提出："用什么可以来解释这么大量的贸易流动?"可以看出，Helpman 综述的贸易结构理论与贸易模式③（pattern of foreign trade）理论相当。国内教材对贸易结构划分为进出口商品结构、区域结构、模式结构与方式结构等。贸易是指商品的交易活动④，结构是指交易对象各部分的组成方式。（对外）贸易结构可被理解为一国进出口交易商品各部分组成与划分。贸易结构理论被认为是对此划分与组成及其变动进行阐释与实证的理论。

---

① 当前国际商品的分类方法主要是：HS，即《商品名称和编码协调系统》和 SITC，这是联合国的《国际贸易标准分类》两种，另外还有 CPC（《主要产品分类》）分类方法以及我国的《全国主要产品分类与代码》等。

② Helpman E. The structure of foreign trade[J]. Journal of Economic Perspective，1999.

③ 巴格瓦蒂（Bhagwati，1964）对贸易模式下了一个简单的定义：决定进口或出口任何产品。

④ 美国传统词典中，"trade"的第一条解释为"the business of buying and selling commodities; commerce"；而"sturcture"被首先解释为"something made up of a number of parts that are held or put together in a particular way"。

第一节　国际贸易结构划分

一个国家具体采取何种贸易模式与结构，取决于其经济发展特征与政策导向①。贸易品根据其属性进行不同的划分，如按类别划分的商品结构②；根据贸易流向，划分为出口贸易与进口贸易；根据制造复杂程度，分为初级产品贸易与工业制成品贸易；根据贸易品是否有形，可分为商品贸易与服务贸易；根据贸易品交易方式，可以分为一般贸易与加工贸易等。

一、商品要素密集度结构

商品贸易结构往往是指按照一定的国际分类，如根据 SITC 标准，对贸易量进行划分。国际分类标准从产业角度出发，按照商品所属行业进行划分，以及根据行业对应的生产要素使用，商品贸易结构可以形成“要素密集度结构”。柯布-道格拉斯生产模型，就是以技术、劳动力与资本在生产中使用比例，形成一个二维结构。一国各产业根据其本身禀赋优势，选择商品生产中生产要素比例。由于不同要素对汇率变动的反应不同，如资本要素可以在国际间流动，而劳动力要素因受到限制只能在国内流动，因此资本要素的国内价格由国际市场决定，而劳动力要素的价格由国内市场决定。汇率变动将改变一国要素的相对价格，从而改变在贸易品生产中要素使用，改变贸易结构。

衡量要素的技术密集度较为困难，往往用贸易显现的“复杂度”加以表征。樊纲、关志雄、姚仲枝(2006)利用显示技术附加值赋值原理作为识别贸易品技术附加值的理论基础，通过完善关志雄(2002)贸易品的技术识别法和贸易品高低技术分类分析法，分析我国对外贸易结构。他们指出，高技术产品还没有成为我国出口最重要组成部分，但进口仍然以中高技术产品为主。针对 Rodrik(2006)与 Schott(2006)等对我国是否出口低技术结构产品观点，许斌(2006)结合产品、质量、价格等条件因素构建了测度我国贸易品技术含量(即贸易复杂

① L. Branstetter、N. Lardy(2006)详细分析了中国融入经济全球化的模式与变迁。

② 参见徐继琴(2004)。比较优势基础上的出口商品结构、产业结构升级基础上的出口商品结构，以及经济全球化背景下的出口商品结构三类。

度,technology content of exports)方法。该研究发现,20 世纪 90 年代之后,我国国家层面技术含量与其经济发展水平相适应,而 1991～2001 年产品结构中技术含量却低于其经济发展水平。无论在产业或产品水平,均发现出口份额增长与技术含量的正相关性,而出口份额增长是推动我国出口品技术升级的主要动力。

二、对外贸易方式结构

按照贸易双方在交易中采用的形式,或以海关监管方式,可以将对外贸易分为一般贸易和加工贸易两类。加工贸易包括来料加工和进料加工等形式。来料加工是外商提供料件,我方加工成成品后返回给外商,我方收取加工费;进料加工是我方付汇购买料件加工成成品后再出口。一般贸易与加工贸易的不同在于商品生产的成本构成来源不同,汇率变动影响其商品出口价格的不同部分,进而影响其成本构成的相对价格。除此之外还包括其他贸易方式,如易货贸易、补偿贸易、租赁贸易等。

外商直接投资贸易是指在我国的外商直接投资企业所采用的贸易形式,其生产中的资本要素或者资本要素的一部分来自国外,进入我国资本要素的相对价格受汇率变动的影响。而自主贸易在国内组织资本、原材料与劳动力,两者在出口商品价格(外币)构成中有所不同。

三、对外贸易模式结构

按照参与国际贸易的各国所在产业链内部与产业链之间的分工关系,将国际贸易分为垂直分工模式与水平分工模式。垂直分工模式是以产业链内部分工为基础,即上下游产业之间分工,主要表现为:① 我国从国外进口能源、原材料,并向国外出口工业制成品分工;② 相同产业内部不同产品或产品不同部分的要素密集度不同所引致国际分工,如各国合作生产波音飞机。垂直分工模式下的贸易往往被称为产品内贸易。

水平产业分工模式是不同产业之间产品生产上形成的国际分工。水平分工模式下的贸易往往被称为产业间贸易和产业内贸易。国际贸易水平分工通常以传统贸易理论进行解释。如 Markusen、Venables 和 Zhang(1996)从垂直和水平方向上的跨国公司直接投资角度考察国际贸易模式。

四、对外贸易流向结构

根据地理分布，对外贸易流向结构可分为对外贸易进口和出口流向结构。一国与多个贸易伙伴进行对外贸易，一国向多个贸易伙伴出口，该国出口贸易量地理市场分布，称为出口贸易市场结构；一国从多个贸易伙伴进口，该国进口贸易量来源的地理分布，称为对外贸易进口来源结构，统称为市场结构。对于一国既有进口又有出口的贸易伙伴，用对外贸易收支分布结构表示，这一划分可以明确一国对外经济贸易关系。如 P. K. Schott(2001)利用美国的贸易数据，探讨了富国与穷国的出口商品差异性；Helpman(2007)从双边贸易与多边贸易的角度测度世界市场的贸易结构。各种贸易结构的划分方法如表4.1所示。

表 4.1　各种贸易结构的划分方法

结构名称	名称	划分依据
形态结构	有形商品	按照商品的形态和内容进行划分 有形商品是指实物商品(如货物)，有形商品的贸易即有形贸易
	无形商品	无形商品是指非实物商品，非实物商品的贸易即无形贸易。无形贸易主要包括服务贸易和技术贸易
分类结构	初级产品	在有形商品中，根据是否经过工业加工进行划分 初级产品指的是农业产品和原材料产品，包括 SITC 0～4 类
	工业制成品	工业制成品指经过工业加工的产品，包括 SITC 5～9 类
模式结构	垂直贸易	垂直产业分工是指在一商品的生产中，按照生产环节进行国际分工，各国完成一定的环节，在产业链内部进行国际贸易
	水平贸易	水平产业分工是指在国际分工贸易中，各国完整生产一定的商品，进行出口，与他国交换其他商品
方式结构	一般贸易	一般贸易进口是指以满足消费者与生产，从国外进口商品与服务的贸易方式；一般贸易出口是指国内企业自行组织生产与出口方式
	加工贸易	加工贸易出口是指国内企业利用来自国外进口商的原材料、零部件或元器件，进行加工、制造或装配，之后再将产品出口给国外进口商的贸易方式；而来自国外的用于加工贸易出口生产的原材料、零部件或元器件的进口则称为加工贸易进口
密集度结构	劳动密集型	按照商品生产中使用的生产要素密集度进行划分 劳动要素使用相对较多的称为劳动密集型商品
	资本密集型	资本要素使用相对较多的称为资本密集型商品
	技术密集型	技术要素使用相对较多的称为技术密集型商品

续表

结构名称	名称	划分依据
复杂度结构	复杂度序列	按照一定的复杂度测度方式测度贸易商品的复杂度，再按照复杂度的大小对商品进行分类
市场结构	出口市场结构	按照一国向贸易伙伴出口的贸易量的地理或行政（国家、地区）分布进行划分，得到出口市场结构
	进口来源结构	按照一国从贸易伙伴进口的贸易量的地理或行政（国家、地区）分布划分，得到进口来源结构
区域结构	出口区域结构	按照一国内部各区域，如我国的各省（市、区）开展对外贸易的状况进行划分 我国出口贸易量中，各区域出口量的占比构成出口区域结构
	进口区域结构	我国进口贸易量中，各区域进口量的占比构成进口区域结构

第二节　探讨汇率贸易结构效应视角

一、商品要素构成视角

对外贸易的商品分类，往往按照某种内在属性进行排序。通用《商品名称和编码协调系统》(standard international trade classification，SITC)或国际贸易标准(the harmonized commodity description and coding system，HS)进行分类。由于各产业部门的生产要素密集度不同，因而 SITC 和 HS 具有按照商品的要素密集度分类的寓意。按照 SITC 分类，一般认为，SITC 0～SITC 4 类属于初级产品，SITC 5～SITC 9 类属于工业制成品由于工业制成品的资本、技术要素密集度较初级产品高，而初级产品的资源、劳动力要素密集度较工业制成品高，因而，按商品类别进行分类的贸易结构，具有按照要素密集度考察，以及按照产业部门分类进行排序的含义。

劳动力要素的价格（即工资）往往以本国货币衡量，在不考虑投资效应的情况下，汇率变动不影响劳动力要素的价格。我国作为二元转型经济的大国，在一定程度上存在劳动力在边际价格水平上的无限供应的状况①，即农村劳动力

① 维持工业部门和农业部门的劳动力收入差距，使农业部门的劳动力不断向工业部门转移，是“路易斯二元经济理论”的一个重要条件。

在工业化过程中向工业部门的持续转移，在我国表现为沿海省份的工厂招聘了大量的农民工进行生产作业，这在我国工业制成品的出口部门比较普遍。据统计，农民工的工资长期维持不变，稳定在较低的水平。这符合路易斯“二元经济”国家中的劳动力转移假设。而我国劳动力普遍缺乏以国外资产核算的投资工具，汇率变动不影响以人民币核算的劳动力收入。因此，出口商品中劳动力使用状况差别将导致受汇率变动的商品类别受影响程度不同，可以认为出口商品以外币表示的劳动力成本，与出口国汇率变动成正相关关系。

资本要素价格对汇率变动的反应则比劳动力要素要敏感得多。一般把利率作为资本要素的内部价格，该国货币的对外相对价格变动，即汇率变动，将使以他国货币表示的该国的利率水平发生变化。在资本跨国流动的条件下，国外投资者按照东道国货币衡量投资价格，是该国利率水平和汇率水平的综合反映，汇率与利率一同构成了资本要素的价格。利率变化能否影响资本要素的价格，在于一国的投资者究竟是按照国内货币，还是按照国外货币来衡量其资本价格，可称为资本获利的最大化货币选择。一般认为，在国内外金融市场不完全融合的情况下，国内投资者主要按照国内货币的资本价格，即国内利率来考察资本要素的价格，而国外投资者和部分国内投资者往往按国外资本的价格，即按照国外投资者的母国，或者按照世界货币（如美元、欧元或金融市场与国际金融市场完全融合的国家货币）国家的利率来考察资本的价格来衡量资本收益。因此，在一国投资中，这类投资者投资的比重越大，汇率变动对投资决策的影响就越大。一般表现为：对一国本币币值高估不利于吸引国外投资者进入，而对本币币值低估则有利于国外投资者进入。但对于一国本币升值的预期将促使国内外投资者以外币换取本币，投资该国；对于本币贬值的预期则将促使国内外投资者以该国货币换取外币，投资国外。因此，汇率变动对一国投资的资本价格的影响受“币值效应”与“预期效应”的双重影响，需要综合考察。

就我国来说，投资已经成为拉动我国经济增长的最主要动力。其中国外投资是我国投资的重要方面。20 世纪 90 年代以来，我国外商直接投资（foreign direct investment，FDI）的高速增长，人民币汇率相对于购买力平价的低估是外商直接投资大量流入的原因之一。近年来，对人民币升值的预期，促使大量国际游资流入我国，形成升值预期下的套汇投机，是造成当前流动性过剩的重要原因之一。在 FDI 和国际游资中，FDI 往往表现为生产资本与商业资本的形式，即以外商独资经营企业、外商合资经营企业与外商合作经营企业（三资企业）等形式进入生产或流通领域。同时，我国的 FDI 人员从事进出口业务，即外资企业出口是我国出口的一个重要方面。由于外资企业往往以全球资本收益最大化来安排其全球资本的分布，汇率的变动对 FDI 的流动将造成影响，从而对外资企业的进出口造成影响。因此,不同类别的进出口商品中,资本要素的来源不同将影响汇率变动对贸易量的不同影响。外商投资企业出口在各类商品中的出口比重不同,将造成各类商品出口量受汇率变动的影响不同。

就技术的市场表现而言,广义的商品技术要素包含商品质量、产品复杂程度、产品创新程度、生产技术、品牌声誉、产品差异性、市场销售能力等各个方面。比如,一般认为具有较高复杂程度的商品类别的技术较为先进,即假定复杂程度较高的商品只有较少的企业或国家能够生产。这样,这类技术的市场表现为:生产复杂程度较高的商品的企业或国家在国际市场上具有较高的定价权,该类商品的市场需求价格弹性较小。一般也将技术理解为,同一类别的商品中,能用较低的成本生产的企业或国家使用较先进的技术。因此,此类技术的市场表现为:在价格一致的情况下,技术先进表现为较高的利润;或者降低价格获得较强的市场竞争力。一般我们认为在同等成本下,生产出较高质量的商品的企业或国家具有较为先进的技术;同样也可以认为把生产成本相同,但出口商品在国际市场上具有较高知名度与美誉度的企业或国家具有较为先进的技术。这两者在国际市场中共同表现为:消费者愿意以更高的价格获得质量较高或品牌较好的商品。产品差异性加大,创新程度较高的商品往往也可以获得较大的定价权或消费者忠诚度,因而也可以认为是技术较高的产品。市场销售能力等广义技术也可以用同样的方式加以分析。综上所述,我们了解到所谓技术的市场表现为:需求价格弹性、生产成本、定价权与市场竞争力。在汇率变动的情况下,完全可以整合到本币与外币相对价格变动,在特定的生产要素结构与市场需求结构中的影响框架中,以市场的价格数量弹性来刻画汇率变动下由技术划分的贸易结构效应。

汇率变动之所以会出现贸易商品结构效应,在于:① 各类商品由于其市场结构不同,其贸易量价格弹性不同,因而从市场角度来看,具有汇率变动的类别结构作用;② 各类商品由于其生产要素构成比不同,而不同要素价格和供应量受汇率变动的影响程度不同,因而从生产角度来看,汇率变动具有类别结构作用;③ 在商品流通过程中,各类商品在对外贸易中的交易成本并不一致,交易成本受汇率变动影响的程度也不一致,因而从交易角度来看,汇率变动具有类别结构作用。商品的生产、市场与交易附属于商品类别的属性。在汇率变动时,商品属性决定了其贸易量受影响的方式和幅度。

本书按照 SITC 标准来分类,将进口商品与出口商品分为 10 类,实证分析了汇率变动的贸易结构效应。SITC 标准分类蕴含了一个假设前提,即各类商品的要素密集度以及所属产业不同。而一般认为,越往后的商品类别,其生产的资本要素密集度和技术要素密集度就越高;而越往前的商品类别。其生产的资源要素密集度和劳动力要素密集度就越高。但这一假设实际上并不能成立。例如 SITC 7 类,机械和交通设备类商品的技术和资本密集度往往高于 SITC 8 类,杂项制品类的商品。国际贸易品的复杂度,即究竟收入较高的国家出口哪些类别商品,收入较低的国家出口哪些类别的商品,是当前国际经济学研究的焦点之一。复杂度可以看做是要素密集度的替代变量,即假定收入较高的国家出口较为复杂,即附加值较高,或者资本要素密集度和技术密集度较高的商品类别。

二、国际分工视角

从国际分工的视角,汇率变动的贸易结构效应体现在对外贸易方式与模式的选择上。我国参与国际分工的贸易模式(垂直产业分工、水平产业分工)往往和我国开展对外贸易的方式相对应。而一般贸易与加工贸易是我国主要的两种贸易方式。加工贸易的定价权均在外方,我方只赚取加工制造过程的劳务费用,因此可以按照我国生产要素中国内外部分的比例,及其受到汇率变动的相对价格影响程度来考察成本受汇率变动的状况。

一般贸易中,生产所用的要素均来自国内,我国企业是利润最大化的行为主体,往往按国内货币建立目标期望;而在加工贸易中,我国企业很多不是出口计划的制订者,也不是汇率变动下出口贸易量与贸易价格的调整者,这些角色均由加工贸易的国外委托方担任。加工贸易虽然是我国出口贸易方式,但是出口数量、价格、原材料的进口价格,甚至我国加工制造所能获得的劳务收入,均由外方决定。我国的劳务价格实际上构成了国外委托方商品生产成本的一部分。汇率变动对我国加工贸易的影响,在于外方愿意承担多大程度的这部分成本的变化。假如人民币升值的幅度不大,升值后以外币表示我国劳动力要素价格仍然低于其他国家,那么我国的加工贸易完全不受人民币升值的影响。只要我国以世界货币(美元或外币)表示我国劳动力要素价格仍低于其他国家的以世界货币(或该国货币)表示的劳动力价格,加上转移成本,那么国外的加工贸易环节仍会源源不断地向我国转移,制造业部门也仍会向我国转移,表现为我国加工贸易出口,尤其是以外币表示的出口的不断扩大,以及劳动密集型制造业出口的不断扩大。如果我国人民币升值的程度较大,使得以世界货币表示我国的劳动力成本已经高于国外的劳动力成本,但低于国外的劳动力成本加上转移成本,那么我国原有的加工贸易业务将得到保留,加工贸易的转移不再持续。如果我国人民币升值的程度较快,使得以世界货币表示的我国的劳动力成本上升高于他国以世界货币表示的劳动力成本与转移价格之和,那么我国原有的加工制造环节业务将向国外转移，我国的加工贸易出口将减少。

一般认为，汇率变动对加工贸易出口的影响较一般贸易小。这是因为，在加工贸易中，仅有部分环节的成本是按照加工制造国的货币进行核算的，大部分的成本并不受汇率变动的影响。

对外贸易模式分为水平分工的对外贸易和垂直分工的对外贸易。产业间贸易是指按照比较优势与竞争优势原理进行生产。产业内贸易是指一国既出口某一产业部门的商品，也进口这一产业部门内的商品，国际经济学一般以规模经济、产品的差异性、消费者偏好的差异性加以阐释，如我国和意大利互相出口服装，其原因在于我国的部分人群偏好意大利的名贵品牌服装，而意大利的部分人群偏好我国的廉价优质服装。产业间贸易与产业内贸易都属于产成品的贸易，不涉及全球产业链的国际整合与重组。

与垂直产业分工相对应的是产品内贸易的发展。产品内贸易是指将一种产品生产的不同环节安排在全球各个经济区域，利用各个区域的经济优势完成产业链的优势整合。例如，苹果公司生产的 IPOD 媒体播放器就是将产品的创新设计安排在创新能力较强的美国，将生产设备的制造安排在日本和欧洲等资本充裕的国家；将零部件、元器件的生产安排在韩国、新加坡等国；最后的组装安排在劳动力成本较低的中国；完成产品生产后，再返销美国、日本等具有市场消费能力的国家。

我国往往承担世界垂直产业分工的加工制造与组装环节，即加工贸易环节，这是由我国加工环节低廉的劳动力成本优势获得定位的。因而，大致可以用加工贸易与一般贸易来划分我国对外贸易参与国际分工的形式：以一般贸易指代水平产业分工的产业间贸易和产业内贸易；以加工贸易指代垂直产业分工的产品内贸易。

我国的贸易方式结构已经呈现一般贸易与加工贸易并重，加工贸易占优的特色；而贸易模式则表现为参与世界水平产业分工与垂直产业分工并重，并以垂直产业分工为主（一般贸易中也有相当部分属于产品内贸易）的模式特征。

对于我国参与国际产业垂直分工的贸易利益，可以形象地刻画为“微笑曲线（smiling curve）”①。微笑曲线中间是制造；左边是研发，属于全球性的竞争；右边是营销，主要是当地性的竞争。当前制造产业的利润低，正是我国承担国际垂直产业分工的环节。人民币汇率变动对我国承担的这一产业环节的影响如何，汇率升值是否会进一步降低我国承担加工制造环节的利润率，或者造成加工制造环节从我国逃离，都是值得探讨的话题。我国的加工贸易也与我国的

---

① 宏基集团创办人施振荣在 1992 年提出“微笑曲线”理论。

FDI相联系。我国的FDI企业较多从事对外贸易，尤其是加工贸易，且其资金、技术环节大部分来自国外，对汇率变动的反应与我国一般国内出口企业不同，值得深入探讨。

第三节　国际贸易结构相关理论综述

一、早期与现代贸易结构理论

在国际贸易结构的形成上，早期理论基本形成了以绝对优势理论（1776）、比较优势理论（1817）为传统的自由贸易理论，以及以重商主义（16～18世纪）、幼稚产业保护理论（Hamilton，1791；Liszt，1841）为传统的保护贸易理论。两派理论相对发展又相互融合，开创了国际贸易学，成为后续研究的基石。

自由贸易理论秉承贸易能改善人类福祉的信念。从亚当·斯密的绝对优势论（absolute advantage）提出一国应生产与出口具有绝对优势的产品，到戴维-李嘉图的比较优势论（comparative advantage）中的"两利相权取其重，两害相权取其轻"，均认为分工与贸易可以改善国民福利。两国不同商品的相对价格比，是确定双方贸易量与贸易利益分割的重要变量。保护贸易理论则更重视贸易政策的动态作用。汉米尔顿的"以贸易保护推动产业升级"的观点，以及李斯特的发展阶段论与幼稚产业保护说均提出以关税为主的贸易政策应以本国产业动态优化为目标进行调节，而以长期福利最大化为目标的政策调节（包含汇率政策）可以改变一国的贸易流量与贸易结构。

各种理论从不同方面阐述了贸易模式的形成，从而决定了一国的贸易结构与流量。各种现代贸易结构理论，包括波斯纳（M. A. Posner，1961）提出的技术差距理论认为一产品贸易结构演变的过程为新产品的研发国出口，进口国家模仿，之后向研发国出口，研发国再开发出创新产品。研发国在"仿效差距"内可以垄断出口，在"反应差距"内进口国开始仿制。丁伯根（1962）提出的贸易引力模型，是以各国的GDP代表牛顿万有引力公式中的物体质量，以运输距离来代表牛顿万有引力公式中的距离，在引入其他因素后，并作适当修正来解释各国之间的贸易结构。

马歇尔（1879）考察产业区思想的规模经济理论对国际贸易学发展具有较大的影响，张伯伦（1933）、克鲁格曼（1979）等均做了大量研究，指出规模扩大可以节约生产成本。其中企业规模扩大引起成本节约称为内部规模经济,而由产业规模扩大与集聚引起成本节约称为外部规模经济。在规模经济基础上,可以形成各国生产与贸易专业化。Grubel 和 Lloyd(1975)、Lancaster(1980)以及克鲁格曼(1979)等产业内贸易理论是规模经济理论的发展与延伸。

现代保护贸易则包括布兰德(1995)提出的战略性补贴或关税保护等措施,实现本国经济福利的最大化。关于跨国公司与贸易的理论,则包括斯蒂芬-海默(1960)、查尔斯-金德尔伯格等的垄断优势论、弗农(1966)的产品生命周期论、巴克利(1976)等人的内部化理论、邓宁(1977)的国际生产折中论、小岛清(1983)等的比较优势投资理论等。跨国公司的全球投资一方面加大了产业内贸易,同时也形成了企业内贸易的状态,等等。

由贸易模式决定的贸易结构是国际贸易学与国际经济学研究的重要范畴。可以说,国际贸易学的各方面内容均与之相关。同时,汇率作为价格变量,如果整合进出口的价格变量,也可以看做是贸易政策变量,也即成为影响各产品贸易的关键变量。本书中将主要采用以要素禀赋理论为基础,结合技术结构,同时采用我国对外贸易的方式与模式结构来划分我国的贸易结构。

二、多产品李嘉图模型贸易结构

李嘉图模型隐含“劳动价值论”,仅考察劳动力一种要素的产出与报酬。因此,假定本国和外国都生产 N 种产品的情况下,可通过以下假设将李嘉图模型推广到多产品情况①:

$$a_{L_1}/a_{L_1}^* < a_{L_2}/a_{L_2}^* < \cdots < a_{L_N}/a_{L_N}^* \tag{4.1}$$

其中,a_{L_i} 代表本国一单位第 i 种产品生产的劳动投入,a_{L_i} 的倒数代表该国该产品的劳动生产率;$a_{L_i}^*$ 代表外国一单位第 i 种产品生产的劳动投入,这样可以得到一个比较优势的序列:相对于外国,本国的比较优势在不同商品中按 1,2,…,i(i=1,2,…,N)的顺序递减,这一比较优势序列也决定了两国的贸易模式与贸易结构。贸易结构将取决于两国工资比例和需求状况。令 W 和 W^* 分别代表本国和外国的工资率,这样,任何商品中,若 $a_{L_i}^*/a_{L_i} > W/W^*$,商品就由本国生产并出口,$a_{L_i}^*/a_{L_i} < W/W^*$ 就由外国生产。国内生产 i 产品的成本为 $W \cdot a_{L_i}$,国外的生产成本为 $W^* \cdot a_{L_i}^*$,这样,通过图 4.1 可以确定相对工资对国际贸易分工的影响。

在图 4.1 中,假设有三种商品(1、2、3)。射线 OG_1、OG_2、OG_3 分别表示国家

① 尹翔硕.国际贸易教程[M].上海:复旦大学出版社,2005:29-30.

之间的单位劳动比例。设 $a_{L_1}/a_{L_1}^* > a_{L_2}/a_{L_2}^* > a_{L_3}/a_{L_3}^*$，令 $S=1$，即为国家间生产成本相等的点，如果国家间的工资比例为 R_1，则本国商品 1 生产成本与外国相等，但商品 2 和商品 3 生产成本低于外国，因此本国三种商品都生产，而外国只生产第一种商品，两国间开展不完全分工，其贸易量取决于相互需求。当两国的可贸易部门的相对工资处于 R 点，则两国进行完全专业化的分工，本国生产第三种商品，外国生产第一种和第二种商品。这一模型通过两国不同商品的劳动生产率差异来划分商品结构，并通过可贸易部门两国的相对工资比来确定贸易模式。这一分析框架也可以推广到多国家的情况，通过各国不同工资比例的确定，可以形成 N(商品)×M(国家)的二维国际分工与贸易结构。同样，其生产率变动下的相对工资变动也会引起($M-1$)个双边汇率关系的变化，从而形成了不同比较优势下的分工结构。

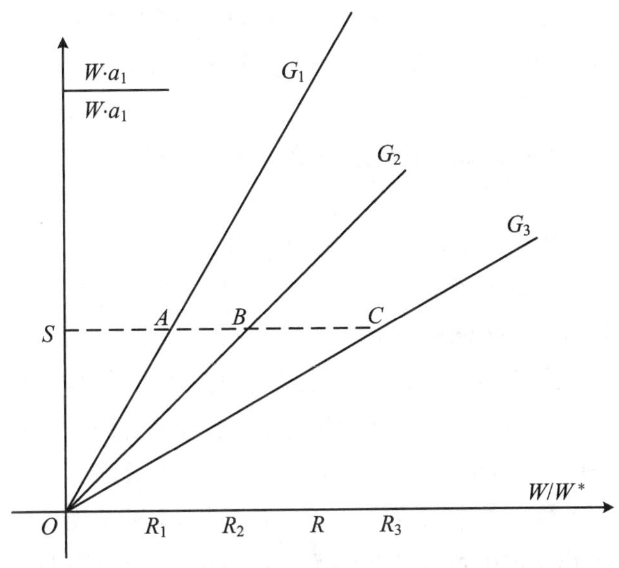

图 4.1　多产品结构中的分工与贸易

三、要素禀赋理论(HOV 模型)

要素禀赋理论(the theory of factor proportions, HOV)，以资本、劳动、土地等多种生产要素代替李嘉图模型中单一劳动力要素。该理论认为密集使用该国较为丰裕要素生产商品，可以获得贸易利益，增加世界福利。萨缪尔森(1948)及后来的研究者们以两要素、两部门的模型展开论证，逐渐使之成为现代贸易理论的基石。这一理论得到了后来学者们的广泛分析与探究。其中包括：① 分工与贸易使国内相对充裕，集中使用的要素的价格提高；使国内相对稀缺,非密集使用的生产要素的价格下降(斯托尔帕-萨缪尔森定理);② 商品的自由贸易可以代替生产要素的自由流动,导致两国商品相对价格均等化,从而导致生产要素价格的均等化[①](要素价格均等化定理[②]);③ 一种要素数量的增加会导致密集使用这种要素的产品的产出增加,同时使其他产品的产出下降(雷布任斯基[③])。以赫克歇尔-俄林模型为基础的理论体系论证了要素禀赋、贸易结构与商品结构的关系。而这一系列的研究是在完全竞争、不存在规模效应、没有交易成本、所有价格均没有黏性的作用下起作用,所有要素都得到充分利用、不存在非贸易品部门等条件下开展的。在这一框架下,价格自动瞬时调整为与一国禀赋情况相符合。只要改变其中条件,价格变化就会引起贸易流向与贸易结构的变化,也会改变一国的贸易结构,汇率就可以对贸易结构产生作用。

Leontief(1954)首先对就"资本丰裕的国家出口的资本密集型产品"的贸易结构决定的理论预测进行了实证检验。他分析了美国的贸易结构,发现 1947 年美国进口商品中的资本-劳动力禀赋比例要超过出口商品 60 个百分点。这一与理论相悖的结论被称为"里昂惕夫之谜"(Leontief paradox)。对"里昂惕夫之谜"的解释与论证极大地丰富了就要素禀赋理论进行的理论与实证研究。"2×2×2"的模型在 20 世纪 70 年代得到了拓展。Leanmer(1980、1984)利用 Aanek(1968)的模型指出 Leontief 分析的结构失误,并以线性生产模型假设解释了 1958～1975 年的 60 个国家的贸易结构数据。Helpman(1984),Bradford 和 Shimpo(1997),Reeve(1998),Davis 和 Weinstein(2001),Trefler 和 Zhu(2000)等对这一理论开展了广泛实证研究,但大部分研究结果发现:HOV 模型的预测难以解释贸易的要素含量,"里昂惕夫之谜"被进一步强化。Trefler(1993、1995)则利用 33 个国家贸易数据,划分 9 种要素投入来测算各国的生产率,得到了与 H-O 模型预测较为一致的结论,同时却发现了"丢失贸易量之谜[④]"(missing trade mystery)。Choi 与 Krishna(2004)利用 Helpman(1985)的模型重新检验了工业化国家的"要素禀赋效应"在国际贸易中的存在性[⑤]。

金哲松(2002)利用资源禀赋理论对国际贸易结构有一个直观的表达,在公式推导后,利用常见的图形(图 4.2)来描述国际分工结构。他指出,资本积累、技术进步与资本的跨国流动是贸易结构成长的主要因素,并以比较优势与动态比较优势考察了产业发展与贸易结构的关系。

---

① Williamson(1998)表示贸易与迁移是导致要素价格均衡化的巨大力量。

② 该命题由萨缪尔森于 1947～1972 年发表的论文中逐步阐明。

③ 雷布任斯基(1955)在《要素禀赋与相对要素价格》一书中有所阐述。

④ 即实测的贸易量远远小于模型预测的贸易量。通过要素生产率可以找回一大部分。

⑤ 许斌. 现代国际贸易学对贸易类型的实证研究[D]. 北京:中欧国际工商学院,2006.

图中横轴代表要素禀赋比例(资本/劳动力),纵轴代表要素价格比(利率/工资),而曲线表示两国国际分工的商品生产,*OM* 决定的要素禀赋国会专业化生产商品 2,并非专业化生产商品 3。

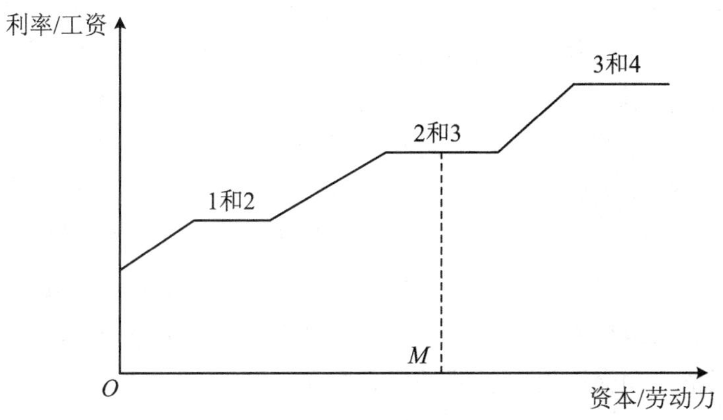

图 4.2 要素禀赋与贸易结构变迁

图 4.2 还可以从资源分配的角度加以说明。在开放经济条件下,资本可以自由流动,一国汇率的变化并不会对两国资本相对价格的长期趋势造成影响,国内利率不会因此发生变化。但是国际贸易中也存在不能完全流动的要素——劳动力,以及刚性的劳动力价格——工资。因此一国的汇率上升会引发该国劳动力价格的提高,进而导致商品成本的变化。显然劳动密集型行业所受到的冲击更大,生产厂商的利润受到影响,从而促使生产厂商向资本密集方向转型。简而言之,就是汇率的变动改变了一个国家内部的相对资源禀赋,进而影响贸易商品结构。

如图 4.3 所示,可贸易品部门的资本禀赋和劳动禀赋比例的变动会引发出口商资本品技术比例的提高,进而推动出口商品结构的优化升级。

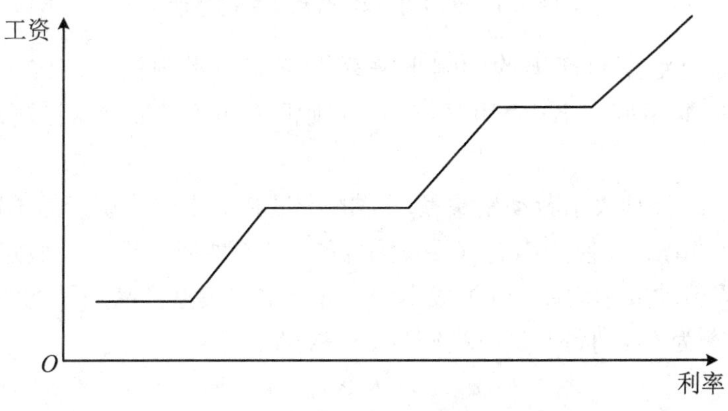

图 4.3 资本和劳动的禀赋比例

斯托尔泊-萨缪尔森定理指出，一种商品相对价格的上升会提高该商品大量使用生产要素的实际价格或报酬，并降低另一种生产要素的实际价格或报酬，从而引发生产要素相对价格的变动，最终导致资本和劳动在不同产业部门间大量转移。图 4.4 中横坐标为利率，纵坐标为工资率，曲线 Q_1 是劳动密集型产业的资本和劳动两种要素的组合曲线，曲线 Q_2 是资本密集型产业两种要素的组合曲线。在不完全专业化分工的条件下，两个产业的组合曲线相交于 E_0 点，若汇率上升，则劳动力工资随之相对增长，其他生产要素因为国际贸易与国际价格保持一致。因此，劳动密集型产品成本的增长显然会超过资本密集型商品，从而降低劳动密集型产品对外竞争力，导致生产规模下降，对生产要素的需求也随之减少，导致生产要素从劳动密集型产业流向资本密集型产业，于是劳动密集型产业的组合曲线向左下方平行移动到 Q'_1 的位置，重新与 Q_2 交于 E_1 点。从而汇率变动会引发对资源的重新配置。

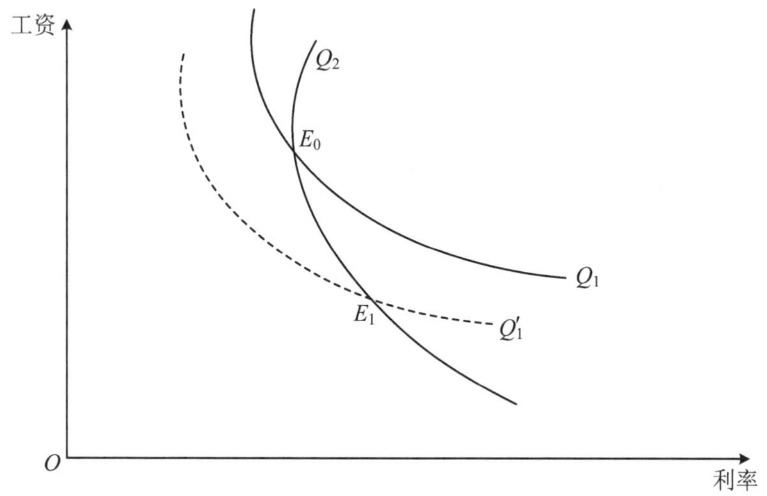

图 4.4　部门间资本、劳动要素的移动

可以通过汇率对产出的影响来解释汇率如何影响贸易结构。假定对外贸易中的资本存量为 K，劳动存量为 L，则汇率对产出的影响过程如图 4.5 所示。

X_1 和 X_2 分别表示劳动密集型产品的产量和资本密集型产品的产量，直线 AB 表示劳动的各种使用组合，CD 表示资本的各种使用组合。假定劳动密集型产品平均劳动成本为 a_L，资本成本为 a_K；资本密集型产品的平均劳动成本为 b_L，资本成本为 b_K，则各变量应当满足如下条件：

$$a_L X_1 + b_L X_2 \leqslant L$$

$$a_K X_1 + b_K X_2 \leqslant K$$

图 4.5 中 AB 与 CD 交点 E_0 处国内的资本和劳动均得到充分利用。汇率上升时，国内的劳动力工资下降，劳动随之存量下降，在图 4.5 中表现为 AB 曲线向左下移动至 $A'B'$，重新与 CD 相交于 E_1 处，因此出口商品结构会因为汇率的变动而发生变化。

当然，汇率变动引发资源分配的调整和贸易结构的变动并不是一个短期的过程，不能忽视时滞效应，应当将更多的目光放在长期影响上面。

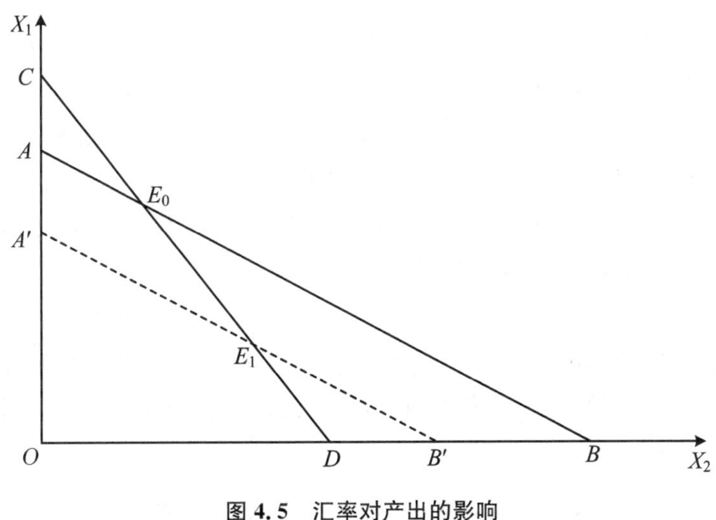

图 4.5　汇率对产出的影响

第四节　汇率贸易结构效应研究发展

一、汇率贸易结构效应研究发展

Parsley(1993)研究汇率与贸易结构的关系，指出美国需求弹性对汇率变动传递效应具有影响作用。利用部门贸易量与进口价格数据，美国从对日本进口的商品已转移到传递效应较低的商品类别。

Takagi 和 Yoshida(2001)，分析了本地需求条件(D)、出口品边际生产率(MC)与汇率(E)对价格的作用。他们利用动态面板模型，分析了日本与东亚国家及其工业化贸易伙伴国估计了 20 个 9 位数字的各类产业商品的汇率传递效应。利用日本海关 1988～1999 年的单位出口与进口量的时间序列数据分析，显示汇率变动的传递效应对日本的出口贸易的影响大于进口贸易，即日本的进口品的日元价格在日元贬值时并不上升，在升值时并不下降，而日本出口品的按外币表示的价格却在本币升值时下降，在本币贬值时上升。

J. M. Campa首先估计了所有欧元国的产业专业化程度，他认为汇率变动的短期传递效应在各国、各产业间（按照SITC分类）的作用较弱，但长期来看，汇率变动的传递效应在国家之间与产业之间的差异逐渐平稳。欧元区域不同国家对消费者价格和生产成本指数的差异变化逐渐显现，而传递效应不同可以用各国对欧元区以外区域的不同的开放度，以及进口商品的差异结构得以解释。之后，J. M. Campa和L. S. Goldberg（2006）利用多国多部门时间序列数据分析零售价格对汇率变动的敏感性。利用可贸易部门与非贸易部门的数据，研究探明了对不同零售产品价格影响的三个原因。首先，汇率变动对综合进口价格影响有所下降；第二，各部门进口价格的变动较大，即进口成本和国内可贸易品价格对汇率变动的敏感度较大；第三，商品流通服务的费用有所变化。他们发现具有进口内涵的各产品消费价格变化并不一致。贸易平衡有利于增加对汇率变动的传递效应，进口价格弹性为0.59，而对不同国家与不同商品的弹性如表4.2所示。

表4.2　汇率变动对影响进口价格结构的弹性

国家	所有商品	食品	能源	原材料	金属	制成品
澳大利亚	0.67	0.35	−0.69	0.43	0.93	0.06
奥地利	0.10	0.06	2.24	1.74	−0.32	1.50
比利时	0.68	0.55	−0.70	1.72	0.43	0.51
丹麦	0.82	0.99	3.50	1.14	0.57	1.61
芬兰	0.77	0.83	1.46	0.28	0.74	1.08
法国	0.90	1.41	1.89	/	0.99	1.27
德国	0.80	0.48	2.72	1.12	0.42	1.54
匈牙利	0.78	0.63	0.89	0.00	0.79	0.67
爱尔兰	−0.06	1.23	1.78	2.06	1.19	1.70
意大利	0.35	0.81	−0.80	0.76	0.56	0.07
荷兰	0.84	0.54	2.19	1.72	0.32	1.44
新西兰	0.22	0.23	0.27	−0.04	0.24	0.18

续表

国家	所有商品	食品	能源	原材料	金属	制成品
挪威	0.63	0.15	−0.69	0.69	0.61	0.07
葡萄牙	1.08	1.07	0.79	1.41	1.02	0.85
西班牙	0.70	1.01	−0.10	1.23	1.06	0.61
瑞典	0.38	0.85	−1.64	0.11	0.66	−0.66
英国	0.46	0.52	0.39	0.47	0.46	0.39
美国	0.42	0.21	0.20	0.44	0.44	0.33

A. Otani、S. Shiratsuka 和 T. Shirota(2003)实证检验了日本的汇率变动对进口商品价格传递效应。他们发现 20 世纪 90 年代传递效应的下降来自汇率变动对各种商品传递效应的下降，而不是从原材料到工业制成品的进口份额降低引起的传递效应的变动。另外，他们发现汇率传递效应下降时期与日元升值与经济贸易结构的变化一致。在全球化过程中，日本企业对进口价格传递效应下降并不意味着汇率变动在宏观经济变动中的作用下降。汇率变动对类别商品贸易量的影响差异如表 4.3 所示。

表 4.3　汇率变动对贸易结构的效应

长期效应			短期效应	
贸易结构	进口份额的变化	汇率传递效应的变化	进口份额的变化	汇率传递效应的变化
进口总量	−0.17	−0.51	−0.05	−0.21
食品	−0.01	−0.05	0.00	−0.03
金属	−0.02	−0.05	0.00	−0.03
燃料	−0.02	−0.33	−0.01	−0.13
化学品	−0.01	−0.02	0.00	−0.02
纺织品	−0.03	−0.01	−0.01	−0.01
金属制品	0.00	0.00	0.00	0.00
机械设备	−0.11	−0.04	−0.03	−0.01
其他	−0.02	−0.02	−0.01	0.00

M. Marazzi、N. Sheets 和 R. Vigfusson(2005)的研究明确了汇率变动对进口价格的直接作用。结论显示汇率变动的传递效应有所加大，影响因素包括美国市场的商品密集度和中国出口品在美国市场出现等变量。

二、汇率贸易结构效应其他研究

第一,讨论汇率变动与贸易结构总体变迁。如 J. H. Bergstrand(1991)实证检验了实际汇率的结构性决定因素与一国的价格结构与水平。M. Michaely(1993)认为自 1973 年以来,更为灵活的汇率制度等贸易政策制止了商业周期性的国际贸易下滑,以及贸易结构从工业品向初级产品的恶化。J. H. Hallett(1992)考察了汇率低估作为贸易保护政策,以调节宏观经济平衡的作用。J. B. Breuer 与 L. A. Clements(2003)利用 1978～1996 年分部门数据来分析美日贸易的商品结构(the composition of trade)的变迁,以及各种商品的汇率弹性在日元/美元汇率变动时的弹性;分析其弹性是否与商品的性质(固定投资与可变投资的比例)有关,并指出大部分商品的弹性在汇率变动时保持稳定。K. Barhoumi(2006)以 24 个发展中国家在 1980～2003 年的资料为例,调查了汇率变动对进口价格的不同传递效应。M. Baxter 和 M. A. Kouparitsas(2006)讨论了决定贸易量的因素,指出要素禀赋、汇率、发展程度与经常项目收支是决定贸易量与结构的主要变量。

第二,按照不同的贸易模式展开分析。如 M. Obstfeld(1980)分析指出中间产品价格的变化将导致在短期和长期的汇率升值,并形成一个经常项目失衡,国内外最终产品的贸易条件在长期将得到改善或恶化。B. J. Eichengreen(1983)论证了汇率在一国保护贸易中的作用,汇率变化可以影响其贸易条件,从而改变资源分配与贸易结构。S. W. Arndt(1990)检验了区域专业化增长中的实际汇率、贸易竞争力和贸易平衡的关系。R. C. Feenstraa、J. E. Gagnonb、M. M. Knetterc(1996)以伯川德竞争模型分析了 1970～1988 年 12 个目标市场、4 个国家的汽车出口的面板资料,指出汇率变动的传递效应与市场份额是明显非线性的,拥有的市场份额为 40%左右的出口国,其汇率传递效应最低,而拥有 100%市场份额时,其传递效应最高。

第三,探讨汇率变动对贸易结构影响的机制。如 D. Ghose 与 H. Kharas(1993)衡量进口需求方的双向价格变化,分析并测度实际汇率对贸易的结构和方向变动起作用的复杂路径。H. Farugee(1996)利用不完全竞争的两国模型,检验了不同贸易模式之间的实际汇率的时间序列变动的部门间差异。在跨国贸易中,在允许相对价格存在较大的偏离和较弱的中位回归的情况下,各国价格决定机制将更少地互相影响。相反地,当产业内贸易(intra-industry trade)存在时,在相似国家的相似产品贸易中的价格关联性将降低价格的传导性,以及实际汇率的可持续性。贸易模式选择能有效改变汇率与国内的价格黏性,这又影响了开放经济的自我修正机制。J. Yang(1997)探讨了汇率变动对美国制造业的传递效应,利用具有产品差异的 Dixit-Stiglitz 模型,他指出传递效应与产品差异程度正相关,与其产出的边际成本弹性负相关。实证研究发现,各个产业的传递效应各不相同。

第四,汇率变动对专业产品贸易的影响。如 S. Kyle(1991)考察了实际汇率变动对澳大利亚包括农产品在内的多种商品贸易流量的影响,而农产品生产特性使实际汇率变动更为重要。D. M. Gross 和 N. Schmitt(2000)以瑞士的汽车产业为例,探讨了动态垄断市场结构下的汇率变化的传递效应。K. L. Wang 和 C. S. Wu(1996)基于 1986～1992 年中国台湾石化产业中间产品的进出口,研究了汇率变动的传递效应,他们利用主成分析法与价格—成本边际等式研究表明,石油企业的吸收仅对汇率变动有较小的影响,而汇率变动对出口价格、市场结构的影响却有不断上升的趋势,这一趋势与世界石油市场的竞争增加,以及中国台湾企业在汇率变动下,保持市场份额的意识有关。

对人民币汇率变动的贸易结构效应进行研究的学者还有毕玉江(2005)按照标准国际贸易分类将我国进出口产品分类,测度了汇率变动对贸易结构的影响,指出各类商品对实际汇率的弹性存在较大差异;宋海英(2005)证实了人民币汇率影响我国农产品类别出口贸易的 J 曲线效应,指出农产品的性质使其变化与其他产品不同;W. L. Chou(2000)检验了实际汇率波动对我国进出口贸易具有负面作用,但各类商品并不相同;刘传哲、陈寒凝、贾彦利(2004)论证了实际汇率对江苏省出口贸易及出口贸易结构的影响。

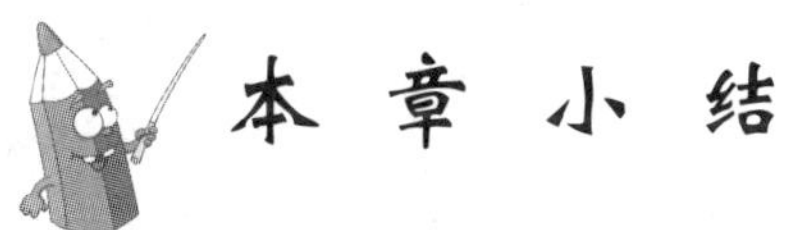

本章小结

本章综述了对外贸易结构的划分、有关汇率的贸易结构相关理论及文献资料。在界定划分贸易结构范畴的基础上,归纳总结了按多种范畴划分贸易结构的标准和内容。由于商品贸易结构往往是指按照一定的国际分类,如 SITC 标准,对贸易量进行划分。国际分类标准从产业角度出发,按照商品所属行业进行划分,以及行业对应的生产要素使用,商品贸易结构可以形成“要素密集度结构”。不同要素对汇率变动的反应不同,如资本要素能在国际间流动,而劳动力要素因受到限制只能在国内流动,因此,资本要素的国内价格由国际市场决定,而劳动力要素的价格由国内市场决定,所以可以从要素密集度的视角对我国商品贸易结构进行划分。从国际分工的视角探讨汇率变动的贸易结构效应,是由于汇率变动的贸易结构效应体现在我国对外贸易方式与模式的选择上。我国参与国际分工的贸易模式(垂直产业分工、水平产业分工)往往和我国开展对外贸易的方式相对应。而一般贸易与加工贸易是我国主要的两种贸易方式。

本章综述了贸易结构的相关理论与文献,着重分析了多产品李嘉图模型、要素禀赋理论两大理论体系的贸易结构,以明确按照一定标准划分的贸易结构,其内在标准与逻辑。从贸易商品要素构成的视角,从国际分工的视角,探讨汇率变动影响贸易结构效应。研究我国的汇率变动与贸易结构的关系,应结合我国对外贸易的特点,结合汇率作用的环节开展。虽然汇率小幅度变动难以改变一国的贸易模式,一国的贸易模式由其在国际经济分工中的地位决定,汇率只能作为影响变量,但汇率变动可以改变一国的贸易结构,改变一国按各种范畴划分的贸易量在总贸易中的占比。汇率调整的贸易效应不仅仅是总量的调节,也包括对贸易结构优化的效应。

第五章　人民币汇率变动贸易收支结构效应实证

1978～2013年，我国贸易规模完成了由206.4亿美元向4万亿美元的历史性跨越，数据显示，截至2013年年底，我国贸易规模达到了4.16万亿美元，有望超过美国成为全球最大的贸易体。中国对外贸易发展在带动了我国经济发展的同时，也优化了我国的资源配置，同时也为我国引进了大批先进技术设备和新的经营管理理念及方式。

2012年，我国对外贸易顺差总额为2313亿美元，2013年我国对外贸易顺差在此规模上增加了284亿美元，总额为2597亿美元。一方面，增加的这284亿美元的顺差是在我国贸易总体规模增长的情况下增加的。2013年，我国对外贸易进出口总值较2012年增加了近3000亿美元，也就是说，这284亿美元的顺差是在整体贸易规模增加了3000亿美元的基础上实现的。2014年的货物对外贸易顺差为3830.6亿美元，比2013年增加了1240.5亿美元，2015年的货物贸易进出口总额为5939亿美元，比2014年增加了2108.4亿美元，使2015年的贸易顺差达到了近6000亿美元。另一方面，除了2009年我国贸易顺差占当年我国外贸进出口总值的比例为8.9%以外，2010年、2011年、2012年我国贸易顺差占当年外贸进出口总值的比例都较为平稳，其所占比例分别为6.2%、4.3%、5.9%。2013年，我国贸易顺差占外贸进出口总值的比例为6.2%。由此可以看出，这几年来，我国的顺差规模相对来说还是处于一个基本稳定的状态。2014年，我国贸易顺差占当年外贸进出口总值的比例为8.9%，2015年为15.0%，从2013年之后我国顺差规模有上升的趋势。

2013年，我国对外贸易顺差额为2597亿美元，与2008年的对外贸易顺差额相比，降低了380亿美元。近几年来我国的贸易顺差规模相对处于基本稳定状态，在2014年有所上升。如图5.1所示。

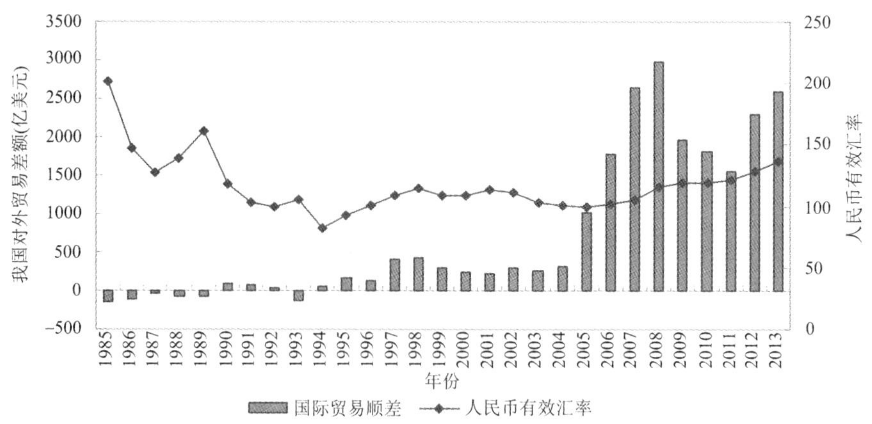

图 5.1　1985 年以来人民币实际汇率走势与我国对外贸易顺差

第一节　商品贸易结构及贸易国别(地区)与我国贸易收支

一、2005 年后人民币汇率走势变化

2005 年 7 月 21 日，人民币汇率制度实现了自 1994 年并轨后最大一次改革，变为参考“一篮子”货币进行调节的浮动汇率制。人民币兑美元汇率自 2005 年 7 月 22 日起，三年内一路下行，以每年的升值速度约 6%，直到 2008 年经济危机爆发前，汇率已单边升值 20%左右。2008～2010 年年底，由于受经济危机影响，人民币升值压力减小，升值缓慢。2011～2012 年第一季度，世界经济复苏，人民币升值幅度也随之增大，但较 2008 年之前趋势缓和，2012 年第二季度至今人民币汇率以更小幅度趋势逐渐增长，2012 年年末人民币汇率为 1 美元兑 6.2855 元人民币，比上年末升值 0.25%，从整体来看，人民币汇率的整体趋势呈现先下降后上升的一个趋势，从 2013 年第二季度和第三季度一直到 2015 年第三季度，人民币汇率一直处于稳定的趋势，但是在 2015 年第三季度到 2016 年第三季度之间，人民币汇率总体是处于上升的趋势，在上升的过程中又有小幅度的下跌。2016 年年末人民币汇率为 1 美元兑 6.94 元人民币，比上年末升值 6.93%，如图 5.2 所示。

图 5.2　人民币兑美元汇率走势图

自 2005 年汇改以来，中国货物贸易收支情况与人们在汇改前的预期大相径庭。汇改后，人民币不断升值，中国进出口贸易额出现双双“井喷”态势，贸易顺差不断扩大，如图 5.3 所示。货物贸易占 GDP 的比重也节节攀升，2007 年货物进出口总值占 GDP 比重接近 35%以上，顺差占 GDP 比重达 7.8%。2008 年受金融危机影响，顺差占 GDP 比重虽有下降，但仍接近 7%。2008 年以后，中国进出口贸易额增长速度相比 GDP 增长速度慢，使得中国 2009 年出口总值占 GDP 比重较 2008 年下降了 6.9%，为 24.06%。2010 年中国出口总值占 GDP 比重为 26.65%，进口总值占 GDP 比重为 23.59%，顺差占 GDP 比重仅为 3%。2011 年出口总值占 GDP 比重为 26.05%，低于 2010 年出口总值占 GDP 的比重；直到 2012 年，顺差占 GDP 比重都未超过 3%。其中，2012 年出口总值占 GDP 比重为 24.93%，进口总值占 GDP 比重为 22.21%。2013 年我国对外贸易顺差比 2012 年的顺差规模上增加了 284 亿美元。2014 年中国出口总值占 GDP 比重为 22.34%，进口总值占 GDP 比重为 18.69%，进出口总值占 GDP 比重为 41.03%，顺差占 GDP 比重为 3.65%。2015 年中国出口总值占 GDP 比重为 20.59%，进口总值占 GDP 比重为 15.22%，进出口总值占 GDP 比重为 35.81%，顺差占 GDP 比重为 5.37%，贸易顺差为 36830 元，比 2014 年增加了 56.55%。2015 年我国对外贸易顺差比 2014 年的顺差规模上增加了 13304 元。

2005～2008 年，人民币对美元汇率单边升值，2005 年我国贸易顺差突破 1000 亿美元，2007 年突破 2000 亿美元，2008 年接近 3000 亿美元。2008 年，中国贸易顺差超过了改革开放之前所有年度顺差总额，中国贸易顺差失衡情况更为严重了。2009年,受金融危机影响,我国贸易顺差由2981亿美元降至1957亿美元。2010～2011年,由于欧美国家和地区受金融危机影响较为严重,我国贸易顺差额从一直下降,贸易顺差分别为1815亿美元和1549亿美元。2012年～2015年,我国贸易顺差额呈上升趋势:2012年贸易顺差有所增长,达到2303亿美元,2013年升为2597亿美元,2014年上升为3830亿美元,2015年上升为5939亿美元,比2014年增加了211亿美元。如图5.3所示。

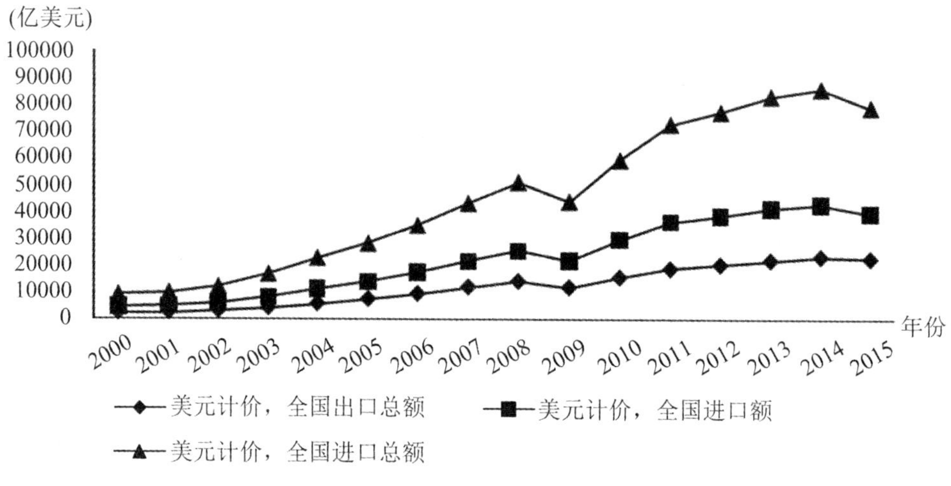

图5.3 2000～2015年中国货物贸易进出口情况

二、从商品贸易结构角度看我国贸易收支

联合国《国际贸易分类标准》第四版(SITC)将世界贸易商品分为三大类:初级产品、工业制品和服务。其中,前两大类为货物贸易,0～4类被归为初级产品,5～9类被归为工业制品。2000年以来,中国对外商品出口结构发生了很大变化,工业制品比重逐年上升,到2007年达到95%左右,初级产品出口占5%。而中国进口商品变化正好相反,初级产品进口比重逐年上升,至2007年占25%。工业制成品的出口是我国货物贸易的主要顺差来源,初级产品的出口是我国货物贸易的主要逆差来源。近年来,工业制成品顺差幅度越来越大,2000年工业制成品顺差总额为454亿美元,2012年增长为7647亿美元,为10年前的近15倍;另外,初级产品的逆差幅度也越来越大,2000年逆差总额仅为213亿美元,而2012年逆差额已经增长为5503亿美元,为10年前的近26倍。

（一）主要顺差来源工业制成品

工业制品顺差的主要贡献者为第 6～8 类商品，包括轻纺产品、橡胶制品、矿冶产品及其制品，机械及运输设备利杂项制品。2003～2008 年，第 6 类（轻纺产品、橡胶制品、矿冶产品及其制品）产品贸易顺差增长了 29 倍，第 7 类（商品机械及运输设备）产品更是从贸易逆差转为贸易顺差，2008 年比 2004 年翻了四番。2009 年第 8 类（杂项制品）产品贸易差额所占比例迅速降低，且近几年一直保持在较低水平；2009～2012 年，第 6 类（轻纺产品橡胶制品、矿产产品及其制品）产品的贸易顺差贡献年增长率平均为 19.6％，第 7 类（机械及运输设备）工业制成品的贸易顺差年增长率约为 16.2％，同期，第 5 类（化学品及有关产品）产品持续逆差但逆差增幅不大。2013 年，除杂项制品顺差瞬间增至 4424 亿美元外，其他产品的顺差均处于稳定增长趋势，且逆差类产品的逆差额也在这一年有所提高，第 4 类（动、植物油脂及蜡）产品的逆差额下降至 98 亿美元，比 2012 年逆差额减少了近 20％。2013～2015 年，贸易总额的顺差在逐渐增加，从 2013 年的 2597 逐渐增加为 2015 年的 5939 亿美元。这一期间，第 2 类（非食用原料）、第 3 类（矿物燃料、润滑油及有关原料）、第 4 类（动、植物油脂及蜡）和第 5 类（化学品及有关产品）产品的逆差均逐渐缩小。2015 年的初级产品的逆差比 2014 年减少了 31.09％，其中，第 0 类（食品及主要供食用的活动物）产品比 2014 年减少了 36.36％，第 3 类（矿物燃料、润滑油及有关原料）产品比 2014 年减少了 39.53％，工业制成品 2015 年顺差增长率比 2014 年的 13.25％降低了 8.37％，第 5 类（化学品及有关产品）产品 2015 的贸易逆差减少了 28.96％。详情见表 5.1。

表 5.1　2000～2015 年中国按 SITC 贸易品分类的贸易差额

单位：亿美元

年份	总额	初级产品	初级产品分类（0～4）					工业制成品	工业制成品分类（5～8）			
			食品及主要供食用的活动物	饮料及烟类	非食用原料	矿物燃料、润滑油及有关原料	动、植物油脂及蜡		化学品及有关产品	轻纺产品、橡胶制品矿冶产品及其制品	机械及运输设备	杂项制品
2000	241	－213	75	4	－155	－128	－9	454	－181	7	－93	735
2001	225	－194	78	5	－180	－91	－7	420	－188	19	－121	720
2002	304	－207	94	6	－183	－109	－15	512	－237	45	－100	814

续表

年份	总额	初级产品	初级产品分类(0～4)					工业制成品	工业制成品分类(5～8)			
			食品及主要供食用的活动物	饮料及烟类	非食用原料	矿物燃料、润滑油及有关原料	动、植物油脂及蜡		化学品及有关产品	轻纺产品、橡胶制品矿冶产品及其制品	机械及运输设备	杂项制品
2003	255	−380	116	5	291	−181	−29	634	−294	51	−51	931
2004	321	−767	97	7	−495	−335	−41	1088	−391	267	154	1063
2005	1020	−987	131	4	−627	−463	−31	2007	−420	480	618	1333
2006	1775	−1342	157	2	−753	−712	−36	3117	−425	879	993	1667
2007	2645	−1816	192	0	−1088	−850	−70	4434	−472	1170	1646	1093
2008	2981	−2844	187	−4	−1554	−1375	−99	5826	−398	1552	2316	2383
2009	1957	−2267	178	−3	−1332	−1037	−73	4224	−501	771	1825	2146
2010	1815	−3522	196	−5	−2005	−1623	−84	5337	−621	1178	2308	15
2011	1549	−5037	217	−14	−2699	−2435	−106	6586	−663	1693	2712	23
2012	2303	−5344	168	−18	−2553	−2821	−120	7647	−657	1872	3114	14
2013	2597	−5503	140	−19	−2716	−2908	−98	8100	−706	2124	3289	4424
2014	3831	−5342	121	−23	−2538	−2823	−79	9173	−587	2279	3463	4824
2015	5939	−3681	77	−25	−1958	−1707	−68	9620	−417	2580	3767	4528

（二）主要逆差来源初级产品

从表5.1可以看出，2000～2012年，中国初级产品的贸易逆差额增长了二十多倍。主要是因为初级产品进口总额飞速增长，2003年为728亿美元，2012年为6349亿美元。与同期进口总额相比，初级产品出口总额则基本处于原地踏步状态，2003年为248亿美元，2012年为1106亿美元。经过进一步分析发现，初级产品中第0类（食品及主要供食用的活动物）、第1类（饮料及烟类）和第4类（动、植物油脂及蜡）这三类产品的进口额、出口额以及两者之间的差额变化都不大。初级产品逆差额增长的主要产品是第2类（非食用原料）和第3类（矿物燃料、润滑油及有关原料），逆差额分别从2000年的155亿美元和128亿美元增长到2013年的2716亿美元和2908亿美元。这两类产品逆差飞速增长主要源于进口的飞速增长。2013～2015年，初级产品的逆差额也在逐渐缩小，第2类（非食用原料）、第3类（矿物燃料、润滑油及有关原料）、第4类（动、植物油脂及蜡）和第5类（化学品及有关产品）产品的逆差均逐渐缩小。2015

年的初级产品的逆差比上年减少了 31.09%，其中，第 0 类（食品及主要供食用的活动物）产品比 2014 年减少了 36.36%，第 3 类（矿物燃料、润滑油及有关原料）产品比 2014 年减少了 39.53%，第 5 类（化学品及有关产品）产品的逆差比 2014 年减少了 28.96%。

从图 5.4 中可以看出，近几年，第 2 类商品中金属矿砂及金属废料来逆差大幅增长，油籽及含油果实和纸浆及废纸是金属矿砂及金属废料之外逆差增加较快的两种商品，而该类中的其他 6 类商品的逆差变化则比较平稳。从图 5.5 中可以一目了然地看出，近年来，第 3 类商品逆差主要是因为石油、石油产品及有关原材料的进口大幅度增长。次贷危机之后，我国进口石油、石油产品及有关原材料所占逆差比例大幅度减小，进口绝对值也在减小，相对稳定。中国初级产品进口主要是派生进口，进口主要是源于投资和生产的需求，而非消费需求。近年来，中国初级产品市场结构变化的主要原因是：首先，中国从 2002 年开始新一轮投资扩张，固定资产投资增速每年均达到 30%以上，并主要投资在钢铁、金属制品等领域，对原材料大量进口扩大了逆差。其次，中国对原材料消费大幅增长，推动了国际大宗商品价格的大幅增长；铁矿石谈判自 2004 年以来备受公众瞩目，2005～2008 年，中国铁矿石进口价格分别上涨 71.5%、19%、9.5%、96.5%，而 2009 年上半年进口价格下跌 33%，2010 年国际铁矿石谈判价格机制被废除，三大矿商根据市场变化按季度调整价格，从 2011 年开始，国际铁矿石价格开始随现货市场价格波动。

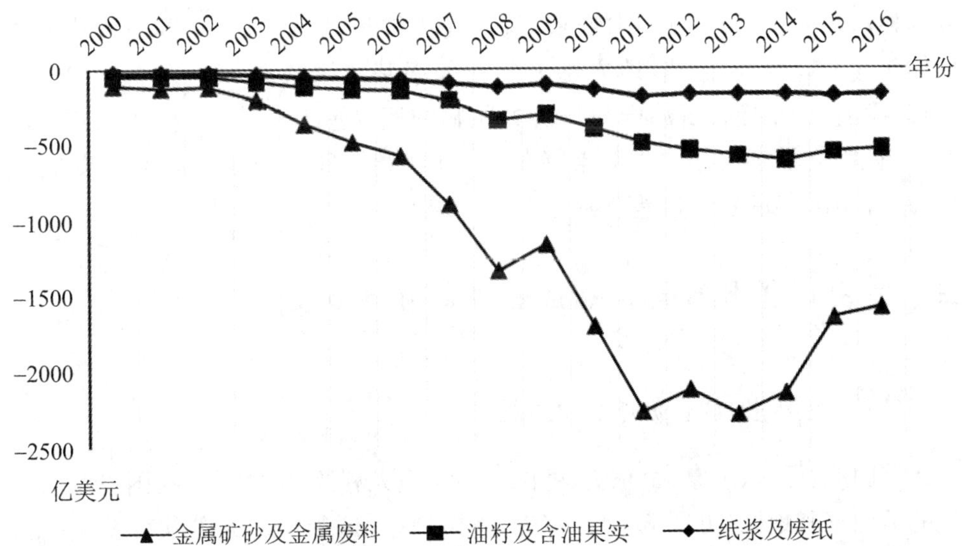

图 5.4　2000～2016 年 SITC 第 2 类商品贸易差额情况

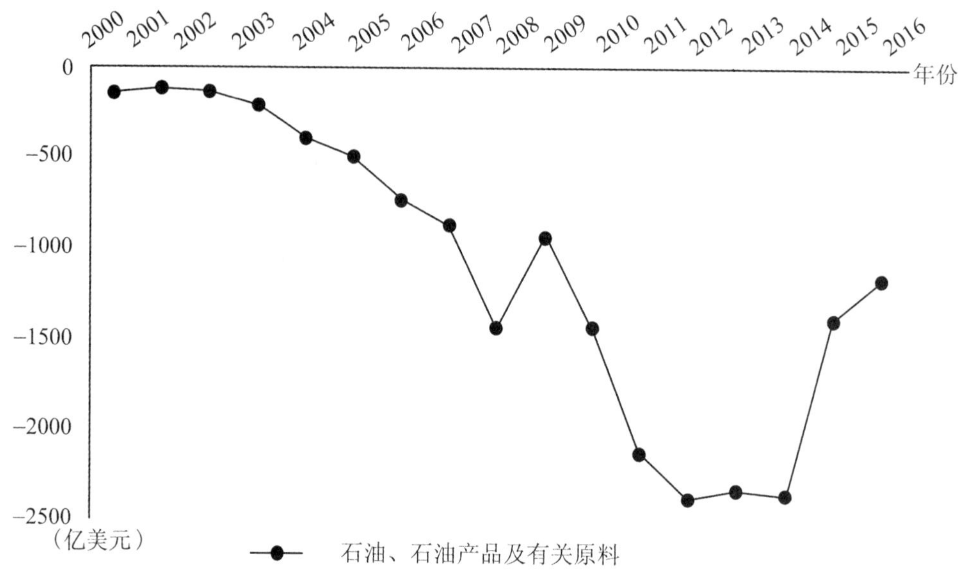

图 5.5　2000～2016 年 SITC 第 3 类商品贸易差额情况

原油价格从 2006 年年底 60 美元一桶，一路飙升突破每桶 100 美元大关，并在 2008 年中期达到历史高点，为 147 美元一桶，尤其是 2007～2008 年间油价翻了一倍。受经济危机的影响，2009 年原油价格狂跌至 55 美元一桶，2010 年原油进口价格稳步回升，2011 年达 110 美元一桶，2012 年 7 月，中国进口原油需求下降，原油价格降低；2013 年中国石油需求创 20 年来最慢增速，据行业数据显示，2002～2013 年，国内炼厂炼油能力增长翻倍，2013 年国内主营炼油厂加工量仅为 4.8 亿吨，地方炼油厂开工率基本维持在 40%左右。2013～2016，我国石油原油、石油产品及有关原料的贸易逆差一直呈现下降的趋势，2015 年的贸易逆差比 2014 年降低了 41.03%，2016 年比 2015 年降低了 13.9%，2016 年的贸易逆差总额为 1170 亿美元。

三、进出口贸易国家和地区看我国贸易收支

(一) 主要出口贸易国家和地区

美国、欧元区、加拿大、东盟、韩国、日本、澳大利亚、俄罗斯是我国主要出口目的地国家和地区(见图 5.6)。首先，美国、欧元区和加拿大等欧美发达国家一直是我国出口的主要目的地。2002～2006 年，中国对上述国家和地区的出口比重一直保持上升趋势，2007～2008 年由于受次贷危机影响，美国需求降

低，我国对美国和出口比重有所下降，但在次贷危机前一直保持在21%左右；中国对欧元区的出口比重稳步上升，保持在15%左右；对加拿大出口比重一直在1.5%左右。2009～2013年，由于全球爆发金融危机以及欧元区主权债务危机，欧元区经济低迷，美国贸易保护主义升温，贸易摩擦增大，除了在美国和欧盟市场上的贸易量略有下降外，各地区需求大体不变。其次，东盟、韩国和日本，与我国同为“10＋3”成员国，2001年我国加入世界贸易组织以后，对上述国家和地区的出口比重一直处于下降趋势。其中，对日本出口比重由16%降至8%；对东盟和韩国的出口比重略有上升，2008～2013年，出口比重在20%以上。最后，我国对澳大利亚和俄罗斯等大宗商品生产国的出口平稳上升，尤其和俄罗斯加强了经贸关系往来。2008年，中国对这些国家或地区的出口额占出口总额的78%，相比1999年的88%有所下降，2009～2013年，出口到澳大利亚和俄罗斯方向的产品比重基本不变，且在上述三个区域内所占比重最低。由图5.6可以看出，2002～2013年，中国出口方向呈多样化发展趋势。

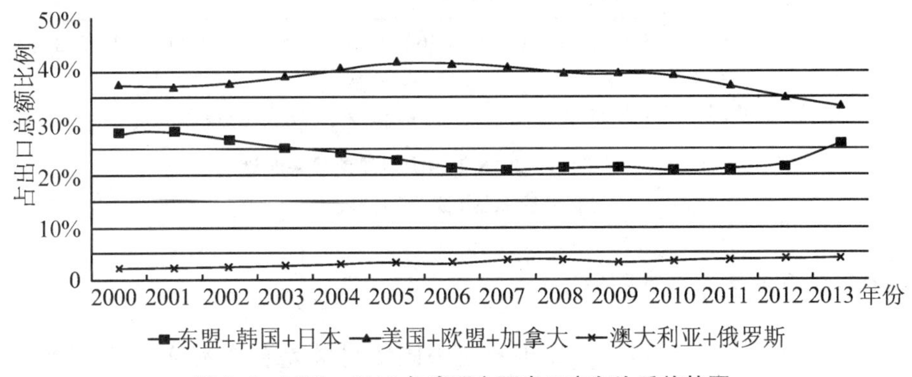

图5.6　2000～2013年我国主要出口方向比重趋势图

（二）主要进口贸易国家和地区

由图5.7可以看出，我国在加入世界贸易组织以后进口来源地的变化趋势。首先，中国进口的主要来源地在亚洲，比重超过60%。其中，对东盟（主要为马来西亚、菲律宾、泰国、新加坡和印度尼西亚五国）、韩国和日本进口占到35%以上。其次，由于中国台湾和中国香港与中国大陆（内地）有紧密的投资经贸关系，是中国大陆（内地）主要进口来源地。大陆对台湾的进口比重一直稳定在10%，自我国加入世界贸易组织后，内地对香港的进口比重显著下降。2007年，日本、马来西亚、菲律宾、泰国、新加坡和印度尼西亚、韩国和中国台湾八个国家和地区占我国进口总额的46.4%。再次，自2001年起，我国从欧洲和北美进口货物的比重不断下降，直到 2009 年基本趋于稳定。最后，我国从俄罗斯、澳大利亚、印度和巴西的进口比重大幅上升，主要原因是俄罗斯是主要的石油原产国，而澳大利亚、印度和巴西为主要的铁矿石原产国。2010～2012 年，只有俄罗斯＋澳大利亚＋印度＋巴西这个区域对中国的总出口量是有所增长的，中国香港＋中国台湾和美国＋欧盟＋加拿大这一区域的总出口量基本保持不变，中国对东盟＋韩国＋日本这一区域的进口比重是降低的。2013 年后，上述各区域进口所占比例均有上升。其中，东盟＋韩国＋日本和印度＋俄罗斯＋巴西＋澳大利亚两个区域上升比例较大，分别增长 9％和 23.5％。

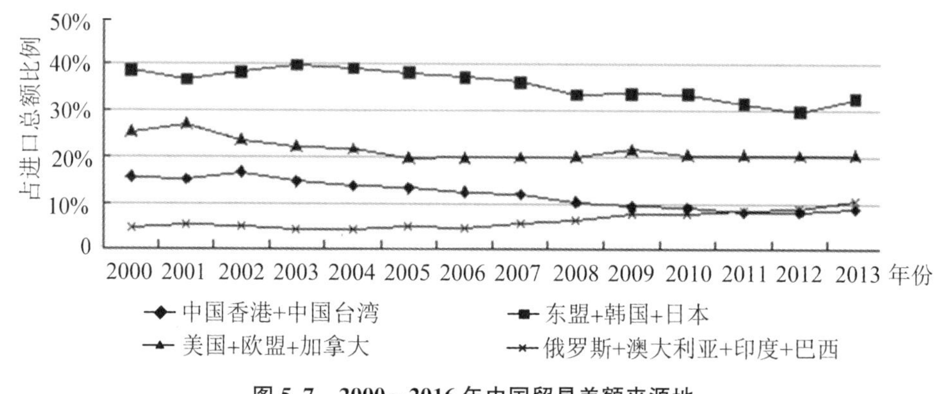

图 5.7　2000～2016 年中国贸易差额来源地

数据来源：根据中宏数据库整理。

（三）顺差主要来源地

从图 5.8 可以看出，自 2002 年开始中国贸易顺差和贸易逆差的主要来源地发生明显分化。中国对北美洲和欧洲的顺差急速上升，而对亚洲则由顺差转为逆差，并且逆差额一度急速扩大。2008 年金融危机使得中国对各国家和地区的需求大量减少，尤其在亚洲、欧洲和北美洲。但是，对北美洲的需求迅速恢复并高速上升；从 2010 年起，中国对亚洲的贸易额也在逐渐增大，2012 年末已开始出现顺差，2013 年顺差额达到了 500 亿美元；与此同时，中国对欧洲市场的贸易顺差却在减少，到 2012 年降到了 2000 亿美元以下，2013 年仍在下降；2013 年来自北美洲的贸易顺差额远远大于处于顺差第二位的欧洲，两者相差近 1400 亿美元。2013～2016 年，中国对亚洲的贸易顺差在逐渐增大，从 2013 年的 445 亿美元增加到 2015 年的 1861 亿美元，2016 年的贸易顺差额为 1364 亿美元，并从 2014 年反超欧洲成为第二大贸易顺差国。2010～2016 年，北美洲作为中国第一大贸易顺差地区，其顺差额一直在 2400 亿美元左右，其中，2014 年的贸易顺差额为 2420 亿美元，2015 年略有上升并在 2016 年有所下降。

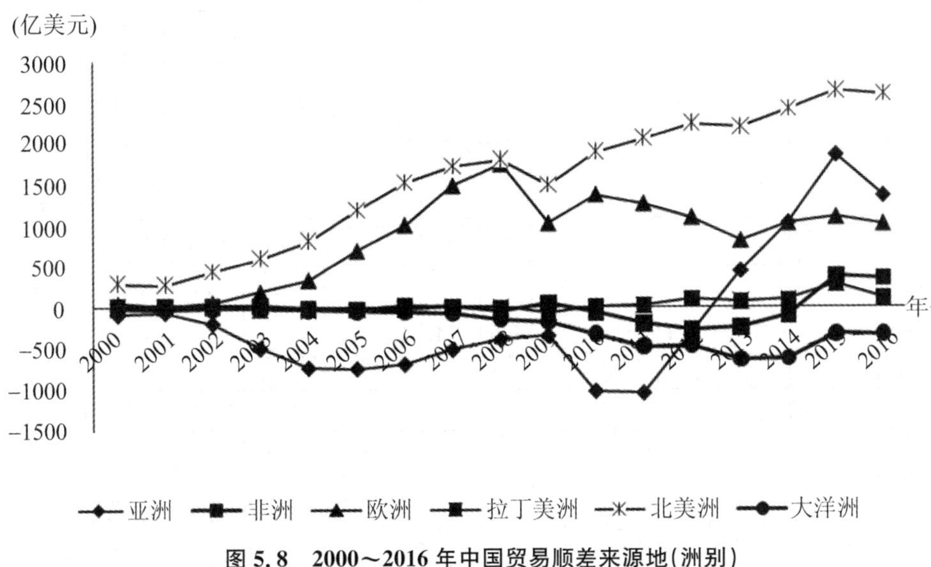

图 5.8　2000～2016 年中国贸易顺差来源地(洲别)

进一步分析中国主要顺差来源地，主要是欧美发达国家和新兴金融中心，其中包括美国、欧元区、英国、加拿大、新加坡等(见表 5.2)。2005～2008 年，中国对德国逐步转为顺差，但 2009～2012 年又回变成逆差。2008 年金融危机造成欧美市场经济低迷，但从表 5.2 中可以看出，2009～2012 年，中国顺差主要来源地仍是美国和欧盟地区。来自美国的顺差额在 2009 年减至 1434 亿美元，但在 2012 年顺差额增长至 2189 亿美元，相比 2009 年增长了近 53%，2013 年略有下降，为 2159 亿美元；2009 年，中国对欧洲市场的贸易额差额降至 1085 亿美元，2012 年出现了第二次下降，但下降幅度较缓和，从 2011 年的 1445 亿美元降至 2012 年 1219 亿美元，2013 年下降至 1189 亿美元。从 2008 年开始，中国与新加坡出现了贸易逆差。可见，金融危机使中国对欧美市场的出口贸易产生了一定的负面影响。2013～2015 年，中国与美国的贸易顺差额逐年上升，2015 年为 2608 亿美元，在 2016 年有所下降，为 2507 亿美元。2014～2016 年，中国与很多国家和地区的贸易顺差都有所降低，但加拿大和西班牙的贸易顺差略有上升。

表 5.2　2000～2016 年中国主要顺差来源地

单位:亿美元

国家或地区	2002	2003	2004	2005	2006	2007	2008	2009	2010	2011	2012	2013	2014	2015	2016
印度尼西亚	−11	−13	−10	−1	−2	2	29	11	12	−21	24	55	145	145	107
新加坡	−1	−16	−13	1	55	121	122	123	76	77	122	158	181	245	185
土耳其	8	15	22	36	65	92	86	66	88	125	121	133	156	157	139
阿拉伯联合酋长国	30	43	55	67	86	140	189	160	168	185	187	206	233	255	201
越南	10	17	18	31	50	87	108	116	161	180	180	317	438	363	240
比利时	9	12	23	37	56	77	95	50	65	88	64	57	72	92	79
英国	47	73	102	135	177	239	265	234	275	296	295	319	334	406	370
德国	−51	−68	−66	18	24	33	33	−58	−63	−163	−227	−269	−323	−185	−209
法国	−2	12	23	26	26	70	77	84	105	79	28	36	16	21	22
意大利	5	16	28	48	74	110	150	92	171	161	96	82	95	110	97
荷兰	75	116	155	230	272	365	406	316	432	508	502	505	556	507	477
匈牙利	13	20	22	21	26	38	47	39	43	44	34	30	25	23	20
巴拿马	12	13	19	28	34	51	68	57	105	131	137	101	83	76	57
加拿大	7	13	8	41	79	84	91	56	73	31	49	40	48	32	90
美国	427	586	803	1142	1443	1633	1709	1434	1813	2023	2189	2159	2370	2608	2507
欧盟	191	370	701	917	1342	1602	1085	1428	1448	1219	1189	1266	1470	1311	141
墨西哥	16	28	33	62	84	101	84	111	146	184	187	211	237	221	20
西班牙	22	32	58	76	108	142	86	109	110	106	115	139	147	137	152

(四) 逆差主要来源地

中国贸易逆差主要来源地可以分为三类:亚洲主要国家或地区、石油原产国和金属矿原产国(见表 5.3)。自 2005 年开始,中国主要逆差来源于中国台湾、韩国、日本、菲律宾、马来西亚和泰国,这 6 个国家和地区的逆差额占到中国对外贸易逆差总额的 60%左右。其中,逆差最大的地区和国家主要是中国台湾和韩国,2013 年逆差额分别 1160 亿美元和 912 亿美元。中国的原油进口主要来自安哥拉、沙特阿拉伯、阿曼、伊朗和俄罗斯 5 国,2012 年,与俄罗斯的逆差额不到 0.5 亿美元。澳大利亚、印度和巴西是中国金属矿石进口的主要来源地,特别是铁矿石进口。铁矿石生产全球处于寡头垄断,全球最大的三家铁矿石公司在澳大利业和巴西。2008 年中国铁矿石主要来源地为澳大利亚

(38%)、印度(23%)和巴西(22%)。澳大利亚的贸易逆差额从2007年的79亿美元增长到2013年的613亿美元;巴西贸易逆差额从2007年70亿美元增长到2013年的179亿美元,增长幅度为156%。2014～2016年,中国与亚洲主要国家和地区的贸易逆差均呈下降的趋势:中国大陆与台湾地区的贸易的逆差从2014年的984亿美元减少到2016年的70亿美元;与韩国的贸易逆差也从2014年的732亿美元减少到2016年的52亿美元;与日本和马来西亚的贸易逆差也在减少,甚至在2016年中国与日本有了21亿美元的贸易顺差额。对于石油原产国来说,安哥拉、沙特阿拉伯和阿曼是中国石油贸易逆差来源,但是,2014～2016年,中国与这三个国家的贸易逆差额在逐渐减少,与安哥拉的贸易逆差从2014年的132亿美元减少到2016年的17亿美元;与沙特阿拉伯的贸易逆差从2014年的84亿美元减少到2016年的12亿美元;与阿曼的贸易逆差从2014年的130亿美元减少到2016年的13亿美元。2014～2016年,中国与金属矿原产国国家的澳大利亚和巴西以及其他国家和地区贸易逆差额逐年减少,2016年,与澳大利亚的贸易逆差减少至45亿美元,与巴西的贸易逆差减少至8亿美元;东盟在2012年逐渐转化为贸易顺差地区。

表5.3　2003～2016年中国主要逆差来源地

单位:亿美元

年份	2003	2004	2005	2006	2007	2008	2009	2010	2011	2012	2013	2014	2015	2016
亚洲主要国家和地区														
中国台湾	−404	−512	−581	−664	−776	−775	−652	−860	−898	−954	−1160	−984	−988	−70
韩国	−230	−344	−417	−452	−477	−382	−489	−696	−798	−810	−912	−732	−652	−52
日本	−147	−208	−164	−240	−319	−345	−330	−556	−463	−262	−120	−73	−163	21
菲律宾	−32	−48	−82	−119	−156	−104	−336	−466	−375	−291	/	77	125	15
马来西亚	−78	−101	−95	−100	−110	−107	−127	−266	−343	−218	−142	−93	−115	−4
泰国	−50	−57	−62	−82	−107	−100	−116	−135	−133	−73	−59	11	−15	2
石油原产国														
安哥拉	−21	−45	−62	−100	−117	/	/	/	/	/	/	−123	−123	−17
沙特阿拉伯	−30	−47	−84	−100	−98	/	/	/	/	/	/	−84	−50	−12
阿曼	−19	−42	−39	−58	−62	/	/	/	/	/	/	−130	−99	−13
伊朗	−10	−19	−35	−55	−60	/	/	/	/	/	/	17	16	6
俄罗斯	−37	−30	−27	−17	88	92	−38	38	−14	−0.43		15	51	3

续表

年份	2003	2004	2005	2006	2007	2008	2009	2010	2011	2012	2013	2014	2015	2016
金属矿原产国														
澳大利亚	−10	−27	−51	−57	−79	−152	−188	−336	−488	−468	−613	−333	−334	−45
巴西	−37	−50	−52	−55	−70	−110	−142	−136	−205	−189	−179	−168	−238	−8
其他														
东盟	/	/	/	/	/	−28	−42	−164	−227	85	445	828	598	62
南非	/	/	/	/	/	−6	−13	−40	−187	−293	−315	−143	−96	−6
新西兰	/	/	/	/	/	6	−4	−10	−12	−19	−41	−17	−24	−5

四、从贸易方式和企业性质角度看我国贸易收支

（一）贸易方式角度

贸易方式主要有两种：一般贸易和加工贸易。加工贸易又分为来料加工贸易和进料加工贸易。来料加工贸易，即来料加工装配贸易，简称来料加工，是指进口料件由外商提供，进口时不付汇，制成品由外商销售，经营企业收取加工费的加工贸易，进口原材料的所有权利收益权属于外商。与一般贸易不同，加工贸易进口时不交关税和增值税；加工贸易出口时加工过程中所使用的国产料件可以退税。来料加工贸易出口不收汇，进料加工贸易出口收汇。

2008 年之前加工贸易一直是中国贸易顺差的主要方式，而且进料加工创造了绝大部分的贸易顺差。来料加工贸易顺差数年来未有明显变化，2004 年之前，一般贸易顺差基本为零，但之后，一般贸易顺差快速增长，顺差规模在 2007 年超过了 1000 亿美元，2008 年有所回落。加工贸易中，进料加工贸易从 2002 年开始，顺差增长速度加快，至 2008 年，进料加工贸易顺差高达 2500 亿美元，从 2000 年的 241 亿美元增加到 2013 年的 2597 亿美元，并在 2013 年后有所降低，从 2014 年的 3668.2 亿美元降低到 2016 年的 3281.3 亿美元。一般贸易顺差额在 2008 年以前是呈上升趋势的，但受到 2008 年金融危机的影响，一直到 2013 年还呈现逆差的状况，且在 2013 年逆差额达到 4427 亿美元，是 2008 年的 5 倍，在 2013 年之后，一般贸易又呈现为贸易顺差，并且 2014 年的一般贸易的贸易顺差为 941.7 亿美元，2015 年增加为 2925.1 亿美元，2016 年略有降低，为 2320 亿美元。如图 5.9 所示。

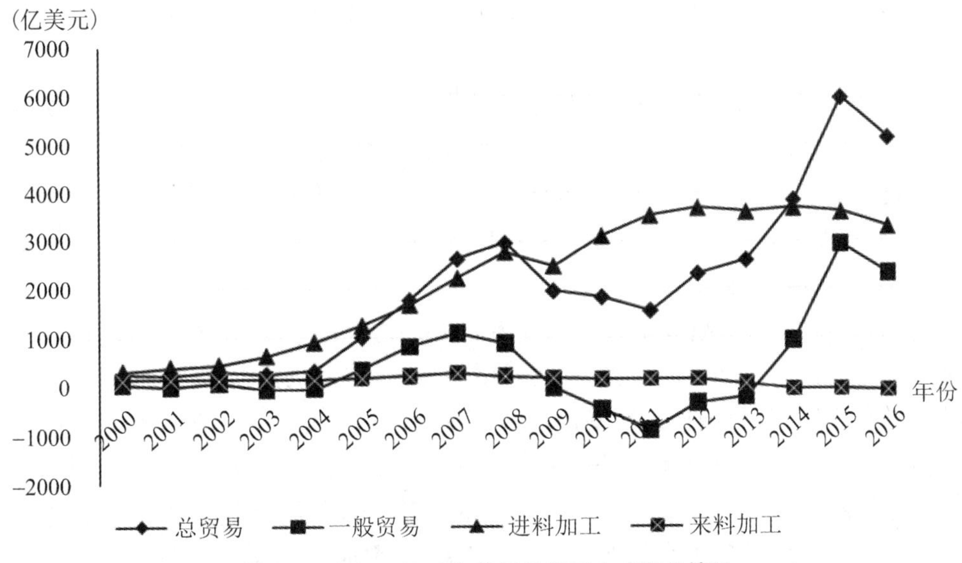

图 5.9　2000～2016 年我国各贸易方式顺差情况

2013 年的前三季度，我国的加工贸易进出口额为 9894.3 亿美元，比 2012 年同期增长 0.7%，同比增速放缓了 1.5 个百分点，增幅低于同期我国外贸整体增幅的 7 个百分点，占同期我国外贸总值的 32.3%。其中，加工贸易出口额为 6250 亿美元，下降 0.9%；进口额为 3644.3 亿美元，增长 3.6%。2014 年我国的加工贸易进出口额为 14087.4 亿美元，比上一年同期增加 3.43%，2015 年我国的加工贸易进出口额为 12447.9 亿美元，比上一年同期减少 8.1%，2016 年我国的加工贸易进出口总额为 11122.9 亿美元，比上一年同期减少 6.77%，其中 2016 年加工贸易出口额 3966.9 亿美元，比上一年同期减少 11.26%，加工贸易进口额为 7155.9 亿美元，比上一年同期减少 10.3%。从上述数据可以看出，近年来我国加工贸易的增速有所放缓，但是在放缓的同时，我国的加工贸易在加快转型升级和梯度转移的政策引导下，取得了一定积极进展。

从加工贸易的主体结构来看，以企业法人为主体的地位得到进一步的巩固，民营企业增长贡献显著。随着我国加工贸易参与国际产业链分工的程度日益加深，产业分工的格局也开始从以往的加工装备为主的低附加值环节向研发设计、创立品牌等产业链的高端环节延伸，并逐步实现从委托性的来料加工为主向自主经营的进料加工为主的运作方式转变。

2013 年前三季度外商投资企业仍然是我国加工贸易进出口的主力军，占加工贸易进出口总值的 80.7%。民营企业加工贸易进出口增长 10.3%，高于同期加工贸易进出口整体增速 9.6 个百分点。加工贸易对进出口整体增长的贡献率，由 2012 年的 42.4%提升至 2013 年的前三季度的 127.8%。也就是说,尽管加工贸易在低速增长,但是其中增长部分的贡献主要来自于民营企业。

一般贸易平稳增长,加工贸易增速放缓。2013 年前三季度,我国一般贸易进出口额为 16162 亿美元,增长 7.8%,占同期我国进出口总值的 52.8%。一般贸易项下逆差 272.3 亿美元,收窄 31.7%。同期,我国加工贸易进出口额为 9894.3 亿美元,增长 0.7%,所占比重为 32.3%。加工贸易项下顺差额为 2605.8 亿美元,收窄 6.6%。

2014 年,我国一般贸易进出口额为 23132 亿美元,增长 5.2%,占同期我国进出口总值的 53.8%。一般贸易项下顺差为 941.7 亿美元,由 2013 年的逆差转为顺差。同期,我国加工贸易进出口额为 14092.8 亿美元,增长 3.7%,所占比重为 32.8%。加工贸易项下顺差为 3599.1 亿美元,收窄 1.1%。2015 年,我国一般贸易进出口额为 21389 亿美元,减少 7.5%,占同期我国进出口总值的 54.1%。一般贸易项下顺差为 2925.1 亿美元,增加 210.6%。同期,我国加工贸易进出口额为 12452.9 亿美元,减少 11.7%,所占比重为 31.5%。加工贸易项下顺差为 35069.1 亿美元,收窄 2.6%。2016 年,我国一般贸易进出口额为 20301 亿美元,减少 5.1%,占同期我国进出口总值的 55.1%。一般贸易项下顺差额为 2320.3 亿美元,收窄 20.7%。同期,我国加工贸易进出口额为 11127.8 亿美元,减少 10.6%,所占比重为 30.2%。加工贸易项下顺差为 31886.1 亿美元,收窄 9.1%。

(二) 贸易企业性质角度

从表 5.4 中可以看出,不同性质的企业在中国货物贸易中的地位不一样。在 2005 年汇改以后,国有企业逆差不断扩大,而外商投资企业和其他企业的贸易顺差飞速增长。2002 年,其他企业由逆差转为顺差。2004～2008 年,年均顺差增长幅度高达 83%,2008 年贸易顺差额为近 2000 亿美元,较 2003 年增长 20 倍。目前,各类型企业中,国有企业是唯一有贸易逆差的。在 2003 年之前,国有企业是贸易顺差的主要贡献者,但是国有企业贸易顺差逐年下降,并在 2003 年转为贸易逆差,并且逆差额逐年扩大,2008 年逆差额达到了 1000 亿美元。2008～2012 年,国有企业贸易顺差大幅增大,集体企业顺差额保持在 150 亿美元左右,外资企业顺差额变化不大。2008～2012 年,国有企业贸易顺差大幅增大,集体企业贸易顺差额保持在 150 亿美元左右,外资企业贸易顺差额变化不大。2013 年,集体企业的贸易情况没有统计,其他的贸易出现了 862.3 亿美元的逆差。

表 5.4　2000～2016 年根据企业性质的中国贸易差额结构

单位：亿美元

年份	国有企业	集体企业	外商投资企业				其他
			合计	中外合资企业	中外合作企业	外商独资企业	
2000	175.32	43.87	21.69	－40.21	14.12	47.77	0.28
2001	96.85	62.24	73.72	－22.86	24.40	72.18	－7.4
2002	83.70	93.80	96.64	12.79	32.91	50.94	29.49
2003	－44.46	118.95	84.23	1.64	32.95	49.64	96.62
2004	－228.59	140.76	140.39	4.24	40.43	95.72	266.90
2005	－283.90	159.96	566.96	176.28	60.75	329.94	575.78
2006	－338.95	211.30	912.12	281.11	77.85	553.17	990.13
2007	－449.04	237.20	1361.11	438.90	92.87	829.34	1472.68
2008	－965.83	257.87	1706.64	450.92	95.34	1160.38	1955.91
2009	－974.73	139.93	1270.23	238.11	0	952.71	1525.64
2010	－1531.93	149.16	1243.06	281.5	90.97	870.59	1970.74
2011	－2261.81	146.48	1305.04	169.86	91.02	1044.16	2361.71
2012	－2391.4	155.7	1514.99	125.78	79.35	1309.86	3031.8
2013	－2500.00	/	1694.41	166.06	74.03	1454.33	－862.85
2014	－2345.61	/	1654.24	197.35	49.95	1406.95	/
2015	－1654.44	/	1748.40	363.93	51.51	1332.96	/
2016	－1452.07	/	1464.83	304.27	55.65	1104.91	/

进一步研究各种企业类型在不同贸易方式下的贸易差额，发现不同企业类型选择的贸易方式泾渭分明，如表 5.5 所示。国有企业和其他企业以一般贸易方式为主，而外商投资企业以进料加工贸易方式为主。因此，近几年的中国对外贸易变化从贸易方式和企业类型的角度可以概括为以下特征：国有企业一般贸易逆差不断扩大，其他企业一般贸易顺差大幅增大，外商独资企业进料加工贸易顺差飞速增长。

表 5.5　2000～2016 年按贸易方式和企业性质的中国贸易差额结构

单位:亿美元

年份	一般贸易					加工贸易										总顺差
						来料加工					进料加工					
	国有	集体	外商投资	外商独资	其他	国有	集体	外商投资	外商独资	其他	国有	集体	外商投资	外商独资	其他	
2000	73	34	−66	16	10	91	5	35	18	0	57	10	252	120	1	241
2001	−7	46	−62	18	8	91	7	36	19	0	56	15	327	161	3	225
2002	−25	75	−28	15	48	85	7	40	23	1	59	17	364	192	3	304
2003	−157	97	−103	−7	107	87	9	50	34	7	72	21	535	299	9	255
2004	−337	111	−95	−2	277	95	10	33	17	10	75	26	794	478	20	321
2005	−371	122	50	54	552	87	12	54	36	16	90	35	1099	692	30	1020
2006	−405	163	124	59	949	81	11	95	71	20	116	46	1473	998	47	1775
2007	−556	182	87	14	1387	91	12	146	96	19	128	54	1972	1353	70	2618
2008	−1164	203	85	−14	1775	89	19	65	6	31	150	52	2473	1808	89	2955
2009	−1231	971	−277	−1023	1371	53	16	3983	20	26	1473	42	2149	1621	990	1954
2010	−1798	113	−573	−1573	1787	41	19	4920	28	28	1990	37	2659	2012	156	1815
2011	−2455	120	−845	−2042	2276	16	17	5739	13	22	2404	42	3060	2372	154	1529
2012	−2493	117	−843	−1986	2881	−11	12	5966	54	21	2451	40	3196	2495	165	2307
2013	−2566	3690	−806	−514	−541	−37	48	66	24	−28	201	/	3193	2507	−278	2597
2014	−2343	4416	−825			−92	59	5	−10		188		3234	2558		
2015	−1744	5012	−597			−80	34	−35	−31		190		3087	2413		
2016	−1547	4339	−674			−62	25	−62	−40		171		2794	2173		

第二节　人民币汇率变动出口贸易效应实证

本章采用两种实证方法考察汇率变动的收支贸易结构效应。首先探讨我国实际汇率变动对我国出口贸易和进口贸易的影响。在这一部分,采用多项式分布滞后模型,以年度数据为基础的多因素分析展开,重点探讨汇率变动影响进出口贸易的短期和长期效应。其次,采用向量自回归模型,以年度数据为基础探讨汇率变动的收支效应,并刻画两者之间的脉冲响应关系。

一、出口贸易分布滞后实证模型设计

本章利用阿尔蒙(Almon)多项式滞后模型[①]展开针对汇率变动对我国出口贸易与进口贸易的实证分析,即

$$Y_t = \alpha + \beta_0 X_t + \beta_1 X_{t-1} + \cdots + \beta_k X_{t-k} + \mu_t \tag{5.1}$$

假定模型为分布滞后系数 β_i 随着 i 的增大而减小的递减滞后结构。即

$$\beta_i = \alpha_0 + \alpha_1 i + \alpha_2 i^2 + \cdots + \alpha_m i^m \qquad m < k \tag{5.2}$$

多项式的最高阶数 m 要视函数形式而定。本书采用 $m=3$ 的模型。

$$\begin{aligned} Y_t = & \alpha + \beta_0 X_t + \beta_1 X_{t-1} + \beta_2 X_{t-2} + \beta_3 X_{t-3} \\ & + \beta_4 X_{t-4} + \beta_5 X_{t-5} + \beta_6 X_{t-6} + \mu_t \end{aligned} \tag{5.3}$$

其中,$\beta_i = \alpha_0 + \alpha_1 i + \alpha_2 i^2 + \alpha_3 i^3$。

将 β_i 带入式(5.3)中,并令 $Z_{0t}, Z_{1t}, Z_{2t}, Z_{3t}$ 分别为

$$Z_{0t} = X_t + X_{t-1} + X_{t-2} + X_{t-3} + X_{t-4} + X_{t-5} + X_{t-6} \tag{5.4}$$

$$Z_{1t} = X_{t-1} + 2X_{t-2} + 3X_{t-3} + 4X_{t-4} + 5X_{t-5} + 6X_{t-6} \tag{5.5}$$

$$Z_{2t} = X_{t-1} + 4X_{t-2} + 9X_{t-3} + 16X_{t-4} + 25X_{t-5} + 36X_{t-6} \tag{5.6}$$

$$Z_{3t} = X_{t-1} + 8X_{t-2} + 27X_{t-3} + 64X_{t-4} + 125X_{t-5} + 216X_{t-6} \tag{5.7}$$

则可以将式(5.3)转化为式(5.8),利用样本数据进行最小二乘法估计,可得到式中各个参数的估计值,分别记为 α、α_0、α_1、α_2,即可得到 $\beta_i (i=0,1,2,\cdots,6)$。

$$\beta_i = \alpha + \alpha_0 Z_0 t + \alpha_1 Z_{1t} + \alpha_2 Z_{2t} + \alpha_3 Z_{3t} + \mu_t \tag{5.8}$$

阿尔蒙(Almon)多项式滞后模型具有以下优点:首先,克服了自由度不足的问题;其次,阿尔蒙变换具有充分的柔顺性;再次,可以克服多重共线性问题。但该多项式具有多项式阶数确定具有加大的主观性,以及并不能完全消除多重共线性问题对回归模型的影响等缺点。在实际操作中,确定 Almon 多项式滞后模型的滞后阶数的方法一般有三种[②]:第一,利用修正的 $R_2(R_{a2})$ 进行判断。R_{a2} 可以消除自变量增加增大 R_2 的效应,而滞后变量的增加将增大 R_2。增加滞后变量,直至 R_{a2} 极大值出现,即为合适的滞后阶数。第二,利用 Schwarz 信息准则,选择出现 Schwarz 极小值的滞后阶数。第三,采用 Akaike 信息准则(AIC),通过添加滞后项直到 AIC 达到极小值,以确定多项式分布滞后模型的滞后系数。

---

① 古扎拉蒂. 计量经济学[M]. 3 版. 林少宫,译. 北京:中国人民大学出版社,2000:606-613.

② 丁俊君,戴生泉. 多项式分布滞后模型阶数的确定及其应用[J]. 统计与决策,2004(10).

$$AIC = \log\left[\frac{\sum \hat{e}_i^2}{N}\right] + \frac{2k}{N} \tag{5.9}$$

其中，$\sum \hat{e}$ 是残差平方和，N 是观测的个数，k 是独立变量的个数。AIC 准则对额外添加的右端变量的敏感性较高，我们采用这一方法确定滞后阶数。为了方便不同类别数据间的比较，本章就我国出口贸易、初级产品出口贸易、工业制成品贸易作为确定滞后期的主要依据。AIC 准则检测发现，这些模型与 SITC0—9 类出口数据的大部分类别认可 $k=6$ 为合适的滞后阶数。因此，我们确定的出口贸易计量模型如式(5.10)所示。

$$\begin{aligned}\ln(\mathrm{EXP}_t) = &\alpha_0 + \alpha_2\ln(GDP_t) + \alpha_2\ln(WARIN_t) + \alpha_2\ln(FRG_t) \\ &+ \sum_{k=0}^{t}\alpha_k\ln(REER)_{t-k} + AR(u) + MA(v) + \varepsilon_t\end{aligned} \tag{5.10}$$

其中，k 代表以 AIC 准则判定的滞后阶数，u 代表以相关图得到的自回归项阶数，v 代表以相关图得到的移动平均项阶数。

二、指标选取和数据收集

在实证模型中，被解释变量 $\ln(EXP)$ 代表我国出口贸易额的对数，本书采用中宏数据库提供的 1985～2012 年中国出口数据。各解释变量采取对数形式，用以探讨解释变量变化对被解释变量的弹性。

解释变量 $\ln(GDP)$ 代表我国的经济规模，以对数形式给出，采用中宏数据库提供的以 1995 年固定价格测度的中国 GDP 数据。采用 1995 年价格衡量的 GDP 数据，其优点在于将价格变动与汇率变动的因素放在了实际汇率中，而在 GDP 的变化中予以剔除。

解释变量 $\ln(FRG)$ 代表我国的外商直接投资(FDI)在国内生产总值(GDP)中的占比，用以解释要素来源对出口的影响。一般认为，劳动力要素的流动性较差，而资本要素的流动性较好，易于按收益率的高低在全球流动。而资本所有者往往以本国货币衡量收益，国内外资本要素在汇率变动中的收益变化不同。中国的 FDI 也较多参与出口贸易，尤其是与加工贸易存在密切联系。本书数据取对数形式，即 $\ln(FRG) = \ln\left(\frac{FDI}{GDP}\right)$。FDI 采用中宏数据库提供的 1985～2012 年我国外商直接投资实际投资美元数据①，采用对数形式。这一比重代表了外来资本在我国经济中的作用。

① FDI 数据单位：万美元。取对数后，量纲不影响弹性分析的结果。

解释变量 $\ln(WARIN)$ 代表产业生产中两种最主要的要素的相对价格①，即劳动力成本（工资，wage）与资本价格（利率，ir）的相对价格。一般认为，劳动力成本往往由国内因素决定。资本要素由于其跨国流动便利，存在国际套利与套汇，利率与汇率之间存在明显的相关关系②，容易存在国际利率平价，即资本要素的国际价格易趋于一致，这是由于资本的流动性引起的。因此这一变量（$\ln(WARIN)=\ln\left(\frac{wage}{100+ir}\right)$）③既代表了两种要素的相对价格，也代表了一国生产成本的国际相对价格。工资数据采用中宏数据库提供的全部职工货币工资代表，采用对数形式。利率数据采用中国人民银行提供的年末利率数据。两者之比代表出口商品的生产成本。

解释变量 $\ln(REER)$ 代表了一国商品和要素的相对价格。实际汇率（REER）采用世界银行给出的以指数表示的国别实际有效汇率，采用对数形式。考察汇率变动的滞后效应，利用 AIC 准则判断滞后阶数，以探讨汇率变动影响我国出口贸易的长期效应和短期效应。

三、分布滞后模型的识别与检验

（一）数据的稳定性检验与协整检验

在单位根检验得到时间序列具有单整性质后，进行变量间的协整检验（Engle 和 Granger，1987；Juselius 和 Johansen，1990）。协整检验将克服传统回归在处理非平稳数据时的缺陷。

单位根检验的结果显示，实证采用的时间序列数据，除 $\ln(REER_t)$ 为平稳序列外，$\ln(EXP_t)$ 和 $\ln(GDP_t)$ 这两个序列属于一阶单整序列，$\ln(FRG_t)$ 和 $\ln(WARIN_t)$ 属于二阶单整序列。在二元回归要求同阶单整，但在多元回归的情况下我们对残差项作平稳性检验，结果如表 5.6 所示，残差项 E 通过 ADF 检验。这样时间序列数据之间存在协整关系，则可以进行实证分析，如果不存在协整关系，则不宜进行回归分析。

---

① 林毅夫，苏剑. 论我国经济增长方式的转换[J]. 管理世界，2007(11).

② 罗忠洲，李宁. 日元实际汇率与长期实际汇率的实证分析：1971～2002[J]. 金融研究，2006(1).

③ 工资单位：人民币元，利率单位：%。

表 5.6　数据的单位根检验

变量	序列	τ统计量	5%临界值	判断
$\ln(EXP_t)$	原序列	−0.1882	−2.9763	I(1)
	一阶差分	· −5.1461	−2.9810	
$\ln(GDP_t)$	原序列	0.3123	−−2.9810	I(1)
	一阶差分	−3.3991	−2.9810	
$\ln(FRG_t)$	原序列	−1.9689	−2.9810	I(2)
	一阶差分	−2.2920	−2.9863	
	二阶差分	−4.3199	−3.0299	
$\ln(WARIN_t)$	原序列	−0.2911	−2.9863	I(2)
	一阶差分	−2.5098	−2.9863	
	二阶差分	−4.8826	−2.9863	
$\ln(REER_t)$	原序列	−3.9593	−2.9763	I(0)
残差(E)	原序列	−3.7523	−2.9763	I(0)

注:均通过 5%以上的显著性检验。

协整检验主要是判断因变量(y_t)与自变量(x_t)之间是否存在协整关系,即因变量能否被自变量的线性组合所解释,因变量与自变量之间是否存在稳定的均衡关系。本书选择 Johansen 协整检验方法等多种协整方法,协整方程没有截距的形式,即检验式(4.10)的协整关系是否成立。

$$\Pi y_{t-1} + Bx_t = \alpha\beta' y_{t-1}$$

如果存在这一协整关系,则可以采用回归方法进行计量分析。协整检验的结果如表 5.7 和表 5.8 所示。

表 5.7 显示了所需时间序列数据之间两个协整关系。表 5.8 显示了序列之间的协整关系。从协整关系式看,$\ln(GDP_t)$、$\ln(FRG_t)$、$\ln(WARIN_t)$、$\ln(REER_t)$对 $\ln(EXP_t)$ 有长期稳定关系,均较为显著。

表 5.7　出口效应分布滞后协整检验的迹统计量检验

协整个数假设	本征值	迹统计量	5%临界值	概率
没有协整关系*	0.9333	123.3946	69.8189	0.0000
至多一个协整关系*	0.5819	53.0096	47.8561	0.0152
至多两个协整关系*	0.4511	30.3398	29.7971	0.0433
至多三个协整关系	0.3168	14.7425	15.4948	0.0647

注:* 表示在 5%以上的显著性检验水平上拒绝原假设。

表 5.8　出口效应分布滞后协整关系的正规化方程

变量	$\ln(EXP_t)$	$\ln(GDP_t)$	$\ln(FRG_t)$	$\ln WARIN_t$	$\ln(REER_t)$
系数	1.000000	−1.6358	0.4573	−0.0972	1.8666
标准差	/	(0.0946)	(0.0341)	(0.0701)	(0.07192)

（二）确定分布滞后模型滞后阶数

以上分析可知，可以采用 AIC 信息准则判断分布滞后模型中的滞后变量的阶数，以明确其短期效应和长期效应。对不包含 AR 与 MA 项的回归方程多次做回归①，观察其 AIC 值，在采用 11 阶滞后分布的模型时，出现 AIC 值的最小值，判断应采用 $\ln(REER_t)$项的 11 阶滞后回归模型。如表 5.9 所示。

表 5.9　出口效应分布滞后阶数判断

滞后阶数	3	4	5	6	7	8	9	10	11 *
AIC 值	−2.057	−2.282	−2.289	−2.115	−2.071	−1.977	−2.025	−2.194	−4.17

注：* 表示 AIC 值最小的阶数

四、实证结果分析

得到汇率变动的出口效应的实证模型为

$$\ln(EXP_t) = \alpha_0 + \alpha_1 \ln(GDP_t) + \alpha_2 \ln(WARIN_t) + \alpha_3 \ln(FRG_t) + \sum_{k=0}^{8} \alpha_k \ln(REER_{t-k}) + MA_{(2)} + \varepsilon_t \tag{5.11}$$

根据式(5.11)，得到 OLS 回归结果，如表 5.10 所示。

表 5.10　出口效应分布滞后实证回归结果

变量	系数	T 统计量	拟合优度	
$\ln(GDP_t)$	1.775	5.758	$R2$	0.994
			$AR2$	0.994
$\ln(FRG_t)$	0.042	0.194	D-W	1.115
			AIC	−1.5198
$\ln(WARIN_t)$	−0.052	−1.203	F-statistic	1116.413

① 引入 AR/MA 结构前，可到一致的滞后阶数判断。

续表

变量	系数	T 统计量	拟合优度	
PDL－*AR*	系数	T 统计量	汇率效应	弹性
REER(－1)	－2.45	－3.771	Ln($REER_t$)当期	－2.45
REER(－2)	3.399	3.399	/	/
REER(－3)	－2.052	－2.805	Ln($REER_t$)长期	－2.052
REER(－4)	0.511	2.341	/	/

从实证结果可知，我国的经济增长是影响我国出口最显著的因素。我国的GDP 增长 1 个百分点，将拉动我国出口增长 1.775 个百分点。而外商直接投资在我国经济中的占比、我国的劳动力、资本要素的价格比对我国出口拉动作用不显著。而从短期看，汇率变动对我国出口的负向效应更大。我国的实际汇率(贬值)1 个百分点，将抑制(促进)我国的出口 2.052 个百分点，汇率是影响我国出口的重要变量。

第三节　人民币汇率变动进口贸易效应实证

一、模型设计与变量选取

与探讨汇率变动的出口贸易效应一致，被解释变量 ln(*IMP*)①为我国进口贸易量的对数序列，代表我国的进口发展。本书采取中宏数据库提供的我国 1985～2012 年的进口数据，采取对数形式，探讨解释变量对被解释变量的弹性。

在解释变量中，采用 GDP 代表我国经济发展；GCP，即我国的财政支出，代表我国需求结构；FDI 代表我国的外商直接投资；以及实际汇率 REER。为了降低变量间的共线性，除了 GDP 和 REER 外，对 GCP 和 FDI 采用其在经济中的占比的对数序列形式，即 ln(*GRG*)和 ln(*FRG*)。

① 进口数据单位：美元。

其中，ln(*GRG*)代表我国的需求结构，用以考察消费结构的变化对我国进口贸易的影响。采用我国政府消费[①]在GDP中的占比ln(*GRG*)，这主要是考虑到我国的进口有相当比例属于政府采购，以及我国的国有企业是进口（尤其是能源、资源产品，以及机械设备）的主体。ln(*GRG*)这一指标在回归中较为显著。$\ln(GRG)=\ln\left(\frac{GCP}{GDP}\right)$，其中GCP为我国的政府消费支出。这里的GCP与GDP数据均采用中宏数据库提供的中国以人民币当年价格表示的数据。按照多项式分布滞后模型的形式，可以将实证模型归纳为

$$\ln(IMP_t)=\alpha_0+\alpha_1\ln(GDP_t)+\alpha_2\ln(GRG_t)+\alpha_3\ln(FRG_t)+\sum_{k=0}^{l}\alpha_k\ln(REER_k)+AR(u)+MA(u)+\varepsilon_t \tag{5.12}$$

二、分布滞后模型的识别与检验

（一）数据稳定性检验与协整检验

除已在进口效应实证中检验的序列外，其他序列的单位根检验结果如表5.11所示。

表5.11　进口效应分布滞后数据的单位根检验

变量	序列	*T*统计量	5%临界值	判断
$\ln(IMP_t)$	原序列	0.9010	−2.9763	I(1)
	一阶差分	−4.5011	−2.9810	
$\ln(GRG_t)$	原序列	−2.4652	−2.9810	I(1)
	一阶差分	−3.9959	−2.9810	

由于$\ln(IMP_t)$等变量为非平稳过程，需要进一步进行协整检验，以确定回归的适用性。本章选择Johansen协整检验方法，对$\ln(IMP_t)$、$\ln(GDP_t)$、$\ln(GRG_t)$、$\ln(FRG_t)$、$\ln(REER_t)$等变量的协整关系进行检验如表5.12所示。

① 政府消费支出单位：百万元。数据来源：中宏数据库。

表 5.12　进口效应分布滞后实证协整检验的迹统计量检验

协整个数假设	本征值	迹统计量	5%临界值	概率
没有协整关系	0.8687	101.7765	60.0614	0
至多一个协整关系	0.5498	48.99099	40.1749	0.0052
至多二个协整关系*	0.5128	28.24144	24.2760	0.0150
至多三个协整关系*	0.3045	9.543417	12.3209	0.1398
至多四个协整关系	0.0039	0.102835	4.1300	0.7920

注：* 表示拒绝原假设。

表 5.13　进口分布滞后效应实证的一个协整关系的正规化方程

变量	$\ln(IMP_t)$	$\ln(GDP_t)$	$\ln(GRG_t)$	$\ln(FRG_t)$	$\ln(REER_t)$
系数	1.000000	−1.597141	−0.327117	0.554674	2.026479
标准差		(0.02716)	(0.37112)	(0.04856)	(0.14565)

从协整关系看，我国的经济增长、实际汇率和外商直接投资在经济中的占比对进口贸易具有长期正向作用。而我国的财政支出在经济中的占比则有负向作用。而实际汇率与进口的作用与一般经济理论假设的并不相同。如表5.13所示。

（二）实证模型序列相关性检验

根据回归的相关图和偏相关图，可以确定模型的自相关(AR)与移动平均项(MA)。利用式(5.12)，并采用不包含自相关与移动平均项，$\ln(REER_t)$的11 阶滞后模型回归后，利用获得的残差矩阵，进行确定 ARMA 项的相关图检验。由残差相关图，初步确定采用 2 阶移动平均($MA_{(2)}$)模型。

（三）确定分布滞后模型滞后阶数

由以上分析可知，可以采用 AIC 信息准则判断分布滞后模型中的滞后变量的阶数，以明确其短期效应和长期效应。对不包含 AR 与 MA 项的回归方程多次做回归①，观察其 AIC 值，在采用 11 阶滞后分布的模型时，出现 AIC 值的最小值，判断应采用 $\ln(REER_t)$项的 11 阶滞后回归模型。

① 引入 AR/MA 结构前，可到一致的滞后阶数判断。

表 5.14　进口效应分布的滞后实证的滞后阶数判断

滞后阶数	3	4	5	6	7	8	9	10	11*
AIC 值	−1.300	−2.476	−2.475	−2.371	−2.233	−2.127	−2.394	−2.500	−4.670

注：* 表示 AIC 值最小的阶数

三、实证结果分析

得到汇率变动的进口效应实证模型为

$$\ln(IMP_t) = \alpha_0 + \alpha_1 \ln(GDP_t) + \alpha_2 \ln GRG_t + \alpha_2 \ln FRG_t + \sum_{k=0}^{l} \alpha_k \ln(REER_{t-k}) + MA(2) + \varepsilon_t \tag{5.13}$$

根据式(5.13)，得到 OLS 回归结果，如表 5.15 所示。

表 5.15　进口效应分布滞后实证回归结果

变量	系数	T 统计量	拟合优度	
$\ln(GDP_t)$	1.807	69.991	*R2*	0.9856
			AR2	0.9831
$\ln(GRG_t)$	−0.048	−2.016	*D-W*	0.7101
			AIC	−0.6478
$\ln(FRG_t)$	−0.613	−2.529	SC	−0.4099
			F-statistic	393.6626
PDL−AR	系数	T 统计量	汇率效应	弹性
REER(−1)	−3.724	−10.493	$\ln(REER_t)$当期	−3.724
REER(−2)	5.561	10.192	/	/
REER(−3)	−3.373	−8.33	$\ln(REER_t)$长期	0.779
REER(−4)	0.779	6.37	/	/

从以上实证结果可知，我国的经济增长对我国的进口作用显著，其弹性系数为 1.807，即我国的经济每增长 1 个百分点，将拉动我国的进口增长 1.807 个百分点。其次，我国的外商直接投资在经济中占比并非是显著影响我国进口的因素，我国的外商直接投资在经济中的占比每增长 1 个百分点，将抑制我国的进口增长 0.613 个百分点。而我国的财政支出占比对进口增长的作用不显著。

实际汇率更是显著影响我国进口的重要变量，从分析滞后模型的实证结果看，汇率变动的进口效应的短期作用和长期作用并不一致。在短期内，我国的实际汇率升值(贬值)对我国进口有显著的抑制(促进)作用。在长期内,由于本币升值引起我国货币对国外货物的购买力增强。因而,长期内,我国的实际汇率对进口的作用较为微弱且不显著,但总体表现为正向相关,即我国的实际汇率升值(贬值)有利于(不利于)我国进口贸易的发展。

第四节　人民币汇率变动贸易收支效应VAR实证

一、模型设计和变量选取

本书采用向量自回归(vector auto regression,VAR)模型展开针对汇率变动的贸易收支结构效应的实证分析。P阶VAR模型可以表示为

$$y_t = A_1 y_{t-1} + \cdots + A_p y_{t-p} + Bx_t + \varepsilon_t,\quad t = 1,2,\cdots,T \tag{5.14}$$

其中,y_t 是 k 维内生变量,x_t 是 d 维外生变量,p 是滞后阶数,T 是样本个数。$k\times k$维矩阵 A,A_p 和 $k\cdot d$ 维的矩阵 B 是要被估计的系数矩阵。ε_t 是 k 维残差向量,假定残差向量不与自己的滞后期相关,且不与右侧变量相关。

(一) 指标选取和数据收集

在实证模型中,被解释变量 $\ln(EXP_t)$代表我国出口贸易额,数据来源是中宏数据库提供的1985～2012年出口数据,数据采取对数形式。$\ln(IMP_t)$为我国进口贸易量的对数序列,代表我国的进口发展。数据是中宏数据库提供的1985～2012年我国进口数据。

解释变量 $\ln(REER)$代表了一国商品和要素的相对价格。实际汇率($REER$)采用世界银行给出的以指数表示的国别实际有效汇率,该实际有效汇率采用2005年实际汇率为100。

针对我国实际汇率对数序列($\ln(REER_t)$)和我国收支比对数序列($\ln(ERI_t)$)展开VAR实证分析。我国收支比对数序列 $\ln(ERI_t)=\ln\left(\dfrac{EXP_t}{IMP_t}\right)$。$\ln(ERI_t)>0$ 表明我国贸易收支顺差;$\ln(ERI_t)=0$ 表示我国贸易收支平衡;$\ln(ERI_t)<0$ 表示我国贸易收支逆差。其出口和进口数据来源于中宏数据库,采取对数形式,考察两者之间的脉冲弹性关系。

我们采用中宏数据库提供的从1985～2012年共27年样本期,包括中国的

出口贸易数据(EXP)、进口贸易数据(IMP),以及实际汇率(REER)的序列数据。其中,出口采用 F. O. B. 价格的出口数据;进口采用 C. I. F. 价格的进口数据。实际汇率采用各国消费者价格加权的实际汇率数据。

按照 VAR 模型的一般形式,采用 p 阶滞后实证模型可以表示为

$$\begin{pmatrix} \ln(ERI_t) \\ \ln(REER_t) \end{pmatrix} = \begin{pmatrix} a_{10} \\ a_{10} \end{pmatrix} + \begin{pmatrix} a_{11}^1 & a_{12}^1 \\ a_{21}^1 & a_{22}^1 \end{pmatrix} \begin{pmatrix} \ln(ERI_{t-1}) \\ \ln(REER_{t-1}) \end{pmatrix} + \cdots + \begin{pmatrix} a_{11}^p & a_{12}^p \\ a_{21}^p & a_{22}^p \end{pmatrix} \begin{pmatrix} \ln(ERI_{t-p}) \\ \ln(REER_{t-p}) \end{pmatrix} + \begin{pmatrix} \varepsilon_{1t} \\ \varepsilon_{2t} \end{pmatrix}$$

二、贸易收支效应 VAR 模型识别与检验

1. 数据的稳定性检验

按照 ADF 检验,可以确定 $\ln(ERI)$ 和 $\ln(REER)$ 均为平稳序列,可以开展向量自回归实证分析。

表 5.16　变量的单位根检验

变量	序列	τ 统计量	5%临界值	判断
$\ln(ERI_t)$	原序列	−3.563	−2.976	I(0)
$\ln(REER_t)$	原序列	−3.959	−2.976	I(0)

2. 模型结构检验

VAR 模型滞后结构检验用于确定 VAR 模型的滞后阶数。在选择滞后阶数 p 时,一方面要使滞后阶数足够大,以便能完整反映所构造模型的动态特性;另一方面又要防止模型自由度的减少和模型单位根的出现。一般采用似然比(LR)检验、AIC 值和 SC 值等方法来确定滞后阶数,采用多种方法进行综合判断。

采用多种方法判断 VAR 模型的滞后阶数,并考虑简单法则,综合选取 AIC 值和 FPE 值,取极小值的 3 阶滞后模型。

表 5.17　贸易收支效应 VAR 实证的滞后结构判断

滞后阶数	$\log L$	LR	FPE	AIC	SC	HQ
0	36.8333	NA	0.0002	−2.7867	−2.6892	−2.7596
1	52.7130	27.9483	8.19e−05	−3.7370	−3.4445*	−3.6559
2	57.8380	8.19998	7.55e−05	−3.8270	−3.3395	−3.6918
3	64.9576	10.2522*	6.00e−05*	−4.0767*	−3.3940	−3.8873*

采用滞后两阶的 VAR 模型后，获得 AR 单位根图，可以看到模型的所有单位根的模的倒数小于 1，位于单位圆内，模型是稳定的，如图 5.10 所示。

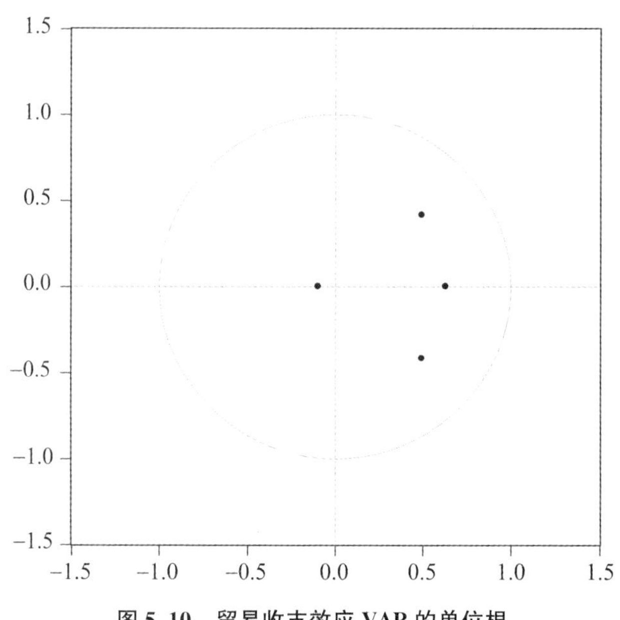

图 5.10　贸易收支效应 VAR 的单位根

3. Granger 因果检验

根据表 5.18 显示，我国贸易收支变动不是我国实际汇率变动的 Granger 原因，我国的实际汇率变动是我国贸易收支变动 Granger 原因，表明我国实际汇率的变动在一定程度上影响我国的贸易收支的变化。

表 5.18　贸易收支效应 VAR 实证的 Granger 因果检验

原假设	F 统计量	$Df.$	P 值
$\ln(ERI_t)$不是 $\ln(REER_t)$的 Granger 原因	0.74660	3	0.5383
$\ln(REER_t)$不是 $\ln(ERI_t)$的 Granger 原因	6.27246	3	0.0042

4. 贸易收支效应 VAR 实证结果

根据以上实证回归模型，得到 VAR 的估计结果。如表 5.19 所示。

表 5.19　贸易收支效应 VAR 实证的估计结果

内生变量	滞后变量	C	$\ln(REER_{t-1})$	$\ln(REER_{t-2})$	$\ln(ERI_{t-1})$	$\ln(ERI_{t-2})$
$\ln(REER_t)$	系数	1.16274	0.8301	−0.1453	0.2732	−0.3188
	标准差	(1.4751)	(0.2317)	(0.2137)	(0.1926)	(0.1776)
	T 值	[0.7882]	[3.5827]	[−0.6801]	[1.4182]	[−0.7994]
$\ln(ERI_t)$	系数	2.76622	0.2545	−0.1867	0.6955	−0.2362
	标准差	(1.2264)	(0.2529)	(0.2336)	(0.2102)	(0.1942)
	T 值	[2.2557]	[1.0064]	[−0.7993]	[3.3086]	[−1.2167]

根据以上 VAR 实证结果(表 5.19),得到 $\ln(REER_t)$和 $\ln(ERI_t)$的脉冲响应函数。脉冲响应函数可以考察模型系统受到某种冲击时对系统的动态影响,也就是一个内生变量的冲击给其他内生变量所带来的影响。脉冲响应结构图如图 5.11 和图 5.12 所示。

从图 5.11 中可以看到,我国贸易收支变动对实际汇率变动冲击的脉冲响应总体呈负向关系。当在本期给实际汇率一个正冲击后,贸易收支在第一期有一个正响应,但在第三期有正效应之后,从第四期开始一直表现为负效应,且负效应的程度逐渐扩大。这表明我国实际汇率上升在短期对贸易收支的作用不明确,但在第二期之后将降低我国的贸易收支比,即实际汇率上升将恶化我国的贸易收支。从脉冲响应函数的结果看,各期的脉冲响应均较为显著,表明实际汇率的冲击具有显著的反向贸易收支作用。两者的负向脉冲响应关系十分显著,从图形结构看,贸易收支对于实际汇率正向冲击的响应经历了由正到负的调节过程,说明汇率调节贸易收支在我国具有较强的“时滞”效应,符合“J 曲线”的理想分析思路,我国汇率对贸易收支的调节是一个时间过程。

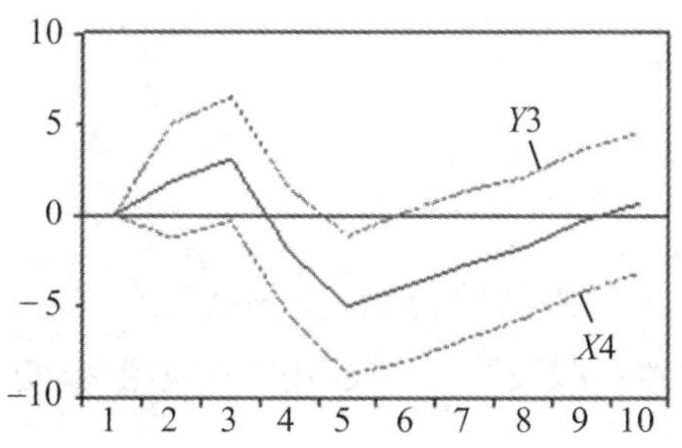

图 5.11　贸易收支变动($Y3$)对实际汇率变动($X4$)支的冲击的脉冲响应

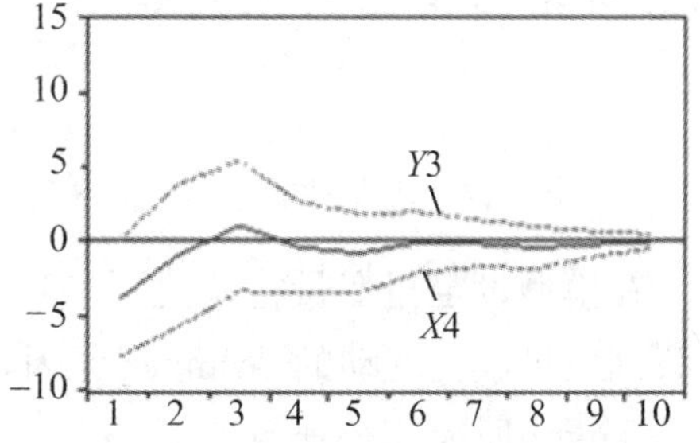

图 5.12　实际汇率变动($X4$)对贸易收($Y3$)变动的脉冲响应

图 5.12 可以考察实际汇率对贸易收支冲击的脉冲响应。当在本期给予贸

易收支一个正的冲击后，实际汇率在第二期出现一个较强的负响应，而在滞后期间内则一直表现为正响应，且正响应的程度不断扩大，在短期内将抑制我国实际汇率上升，在长期内将提高我国实际汇率，但这一脉冲响应并不明显。从滞后 10 期的脉冲响应总体看，给予贸易收支一个单位标准差的冲击，长期基本上是无影响的微弱正向响应。这表明：从长期看，我国的贸易收支变动与实际汇率的作用不明确，短期和长期的不一致，但总体表现为非常微弱的正向促进作用，即我国的贸易收支正向失衡（顺差扩大），有可能在长期提高我国的实际汇率，这一结论与 Granger 因果检验也一致。

方差分析是通过分析每一个结构冲击对内生变量的贡献度，进而探讨不同结构冲击的影响因素的 VAR 分析方法。

从方差分析图中也可以得知汇率与贸易收支比的关系。从长期看，我国实际汇率变动对于贸易收支比的变动的贡献率为 6.71%，我国贸易收支比的变动对于我国实际汇率变动的贡献率为 1.56%。表明两者存在一定的相关性，且我国的贸易收支对我国实际汇率的贡献程度稍大，如图 5.13 所示。

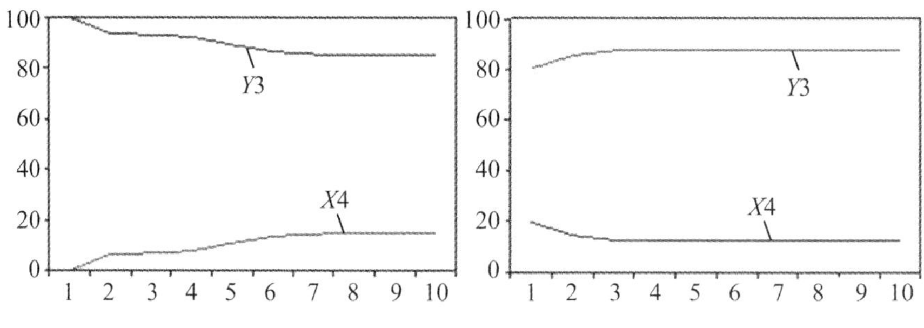

图 5.13 贸易收支变动和实际汇率变动的方差分解图

三、研究结论与政策建议

（一）研究结论

在模型设定与变量检验之后，Granger 因果检验显示，我国实际汇率变动是我国贸易收支变动的 Granger 原因，而贸易收支变动不是我国实际汇率变动的 Granger 原因。

脉冲响应函数显示我国的贸易收支对于实际汇率冲击的长期响应为负向，即从长期看，我国人民币实际汇率升值将降低贸易顺差，而贬值将降低逆差。时间过程具有“J 曲线”效应，即存在一定时期的时滞效应，而实际汇率对于贸易收支冲击的长期响应为正向,即我国的贸易收支"顺差性"失衡,将导致我国的实际汇率升值,而"逆差性"失衡将导致实际汇率贬值。这可以部分地解释当前我国人民币升值的压力来源,减少贸易收支顺差将降低我国人民币实际汇率升值。

以上实证结果显示:汇率变动的长期效应大于短期效应。从长期看,人民币汇率变动能够调节我国的贸易收支。在短期内,人民币升值对我国出口贸易和进口贸易均表现出抑制作用。而从长期看,升值对出口的抑制作用持续存在,在滞后时期内的总体负向影响较大。对于进口贸易、汇率升值的负向作用与正向作用间次出现,长期总体表现为不明显的正向促进作用。对于我国的贸易收支,人民币汇率变动对贸易收支的作用在短期内难以显现,但长期影响较大。短期内我国的马歇尔-勒纳条件不成立,而从长期看,我国的马歇尔-勒纳条件成立,即汇率变动可以调节我国的贸易收支,汇率对贸易收支的调节存在较长的"时滞"。

(二)政策建议

就出口贸易结构而言,如果复杂商品,即资本技术要素密集度较高的商品,进口国市场的价格贸易数量弹性和汇率贸易价格(以进口国的货币表示)弹性之积大于简单商品的市场价格贸易数量弹性和汇率贸易价格弹性之积,那么在以复杂商品的占比较高为优来衡量贸易结构的视角下,出口国货币贬值有利于出口国出口贸易结构的改善。相反,汇率对进口贸易结构的影响,取决于汇率价格弹性和价格数量弹性。在古诺市场结构模型中,出口国和进口国的双边汇率变动可以改变进口国国内市场的竞争状况。出口国货币的贬值将增加出口国商品在进口国市场的占有率,甚至可以将进口国国内企业挤出进口国市场,形成"汇率倾销"。随着出口国货币的升值,出口国在进口国市场的份额将下降,甚至被挤出该市场,因此进口国货币贬值可以认为是"贸易保护主义"的政策。

因而类别商品的弹性差异,将使汇率变动呈现出贸易结构效应。如果存在资本跨国流动,出口国货币的升值将增加一国出口商品的生产成本;而对出口国汇率升值的预期,将导致国际资本大量流入,进而降低该国使用资本要素成本,进而降低该国商品生产成本。在上述生产和市场结构下,资本要素的跨国流动按原来的方向,即出口国货币贬值增加出口和幅度(由类别商品的价格数量弹性和汇率价格弹性决定)加大了汇率的贸易结构效应,加大的程度由该类别商品生产中使用的资本要素的比例来决定。

第六章　人民币汇率变动商品贸易结构效应实证

改革开放以来，我国贸易商品结构经过多次跃迁，目前已形成以工业制成品占绝对优势的出口商品结构；同时以机械设备为主，初级产品逐渐增多的进口商品结构。人民币实际汇率变动在我国商品贸易结构的形成和变迁中究竟发挥了怎样作用？两者是否存在互动作用关系？这些是本章探讨的内容。

贸易商品结构，是指按照一定商品分类标准划分的各商品类别在总贸易中占比状况。对外贸易中，一般以《商品名称和编码协调系统》(HS)和联合国的《国际贸易标准分类》(SITC)等分类标准对进出口贸易商品进行统计分类。本章采用了联合国商品贸易统计数据库提供 SITC 标准划分的商品类别数据。按照 SITC 标准，将 0～4 位称为初级产品，5～9 位称为工业制成品。SITC 各类别代表具有产业差异的商品类别。可以以 SITC 分类来判断贸易商品产业属性和技术分布状况，就汇率变动对不同类别贸易的差异影响展开分析是有理论依据的。

初级产品生产过程较为简单，属于农业产品和自然资源产品；工业制成品的生产过程相对较为复杂，需要工业协作完成。一国进口或出口的商品类别，往往反映了该国参与国际分工与贸易状况。

按比较优势原则参与国际贸易的国家，其出口商品是该国具有比较优势的商品，即使用该国较为丰富资源生产的商品。自然资源丰富的国家往往倾向于出口资源型商品；劳动力资源丰富的国家往往倾向于大规模出口附加值较低的工业制成品；技术资源较为丰富的国家往往倾向于出口技术较为先进的产品；知识资源较为丰富的国家则往往将知识凝结在复杂商品中，或者直接出口技术等服务商品。而一国的进口商品，往往是该国具有比较劣势的商品，如我国进口技术复杂的机器设备，以及资源、能源类商品，是符合我国比较优势的商品贸易选择。但一国的贸易政策可以对其比较优势的商品发挥发生影响。出于种种目的，如培育战略等，均可能破坏本国比较优势所蕴含的参与世界贸易与分工结构的状况，如我国长期对汽车进口增收高额关税，以保护本国汽车产业，我国汽车进口量远远小于潜在的进口需求量。

汇率是调节贸易流向和结构的重要变量，被作为具有一定目标贸易政策的重要方面。20世纪80年代中期，我国人民币汇率大幅度贬值，且实行进出口"双重汇率"体制，使得我国出口贸易蓬勃发展，国营垄断的外贸行业利润较高。而一些没有生产或资源优势的产业与产品类别，也在汇率贬值中获得出口优势，如20世纪80年代我国曾大量出口石油，这与我国石油资源贫瘠的资源状况严重不符，由此导致了汇率低估下产业贸易流向的严重扭曲的局面。

汇率作为统一的政策变量，其本身的变动幅度对于各产业各类商品具有一致性。但各商品类别，由于其所处产业不同，汇率变动影响发生作用机制不同，其生产、贸易和市场受影响的程度不同，发生作用所需要的"时滞"效应也存在差异。因而，即使是统一的汇率调整政策，也能对各产业各类商品产生差异的贸易效应，所以有必要研究汇率变动的贸易商品结构效应，以确定汇率变动过程中，属于各产业类别的各贸易商品类别受到的差异影响。我国大力提倡的"贸易结构优化"和"转变外贸结构"，以及"产业结构升级"等战略措施，实际上蕴含了提高复杂度程度、资本技术知识要素密集度较高的商品类别，即利用复杂工艺生产的，附加值较高的商品在我国出口商品中占比的内涵。因而，在人民币升值背景和贸易结构积极调整过程中①，探讨汇率变动的贸易商品结构效应，具有现实意义和政策意义。

第一节　我国对外贸易商品结构变迁回顾

一、我国出口商品贸易结构变迁

从20世纪80年代中期至2012年，我国的出口商品结构经历了较大幅度的转变。在1985年，以原油为主的初级产品SITC 3类(矿物燃料、润滑油和相关原料)商品是我国最大占比的出口类别，其出口额占我国总出口额的31%，这反映了在改革开放初期，我国依靠出口资源能源类商品换取外汇的困境。

1990年，包括纺织品服装类在内的SITC 8类(杂项制品)商品成为我国最大类的出口商品。SITC 8类(杂项制品)商品在1990年的出口占比为28%，大

① 刘世锦.关于我国增长模式转型的若干问题[J].管理世界，2006(2)。

体完成了我国第一阶段,以初级产品出口向以工业制成品出口的贸易结构转换。该类商品生产主要依靠劳动密集型的工业制成品部门,包括纺织品服装鞋帽业、皮革制品业、竹木制品业、农副食品加工制品业等产业,反映了 20 世纪 90 年代以后,我国主要按劳动力比较优势参与国际分工与贸易的状况,加工制造产业,尤其是劳动力密集型的加工制造业获得蓬勃发展。SITC 8 类(杂项类别)商品出口,在我国出口商品贸易结构中占比首位的状况一直维持了 26 年(1985~2011 年),2000 年前该类商品占比达到最高是在 1993 年,为 43%,之后其占比在波动中逐渐下降,至 2006 年仍保持了 28%的出口份额,是我国第二大类出口商品,在 2012 年出口额为 5356.72 亿美元,占比 27.5%。该类商品占比下降,反映了我国出口正由劳动密集型加工制造向附加值更高、技术密集度更高的商品类别转变,正逐渐完成我国出口贸易结构升级第二阶段的转换过程。

2002 年,代表较高技术与资本密集度的 SITC 7 类(机械与交通设备)商品成为我国出口占比最大的出口商品类别,占我国总出口额的 35.5%,之后其占比份额不断上升,至 2006 年达到 44%,反映了进入 21 世纪后,SITC7 类(机械及运输设备)商品出口额逐渐超过 SITC 8 类的出口额,两者依次为我国第一位出口产品和第二位出口产品。2012 年,SITC 7 类(机械及运输设备)商品将近占我国工业制成品出口额的一半。我国转变出口贸易结构的战略初见成效,技术与资本密集度较高的商品类别已经成为我国最主要的出口商品。这一过程也体现了我国以初级产品与工业制成品划分出口结构在总出口中的占比变化。1985 年,初级产品出口在我国总出口中占比高达 53%,至 1995 年这一比例迅速下降到 26%,2000 年下降到 10%,2006 年下降到 5.3%,2012 年为 5.16%。工业制成品出口在我国出口中占据最主导地位。

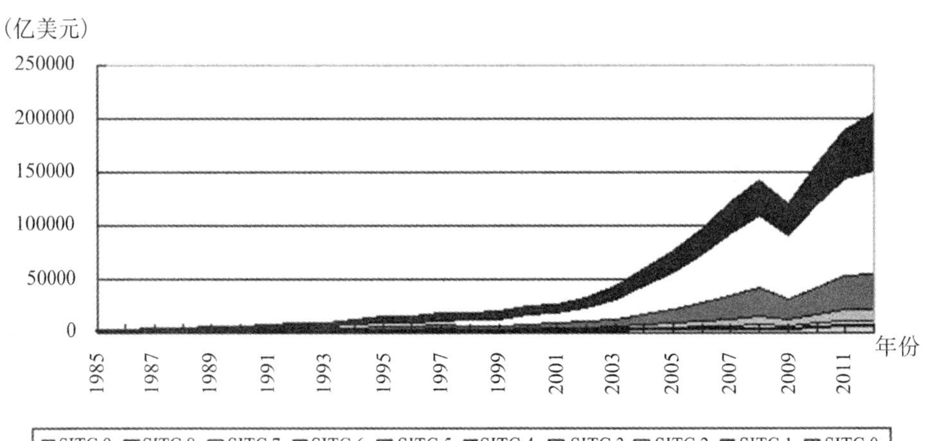

图 6.1　我国出口贸易商品结构变迁

我国出口商品贸易结构的变迁是多种因素协同作用的结果[①]。一是改革开放以来我国经济快速发展。二是我国经济总量规模扩大，体现我国产业生产与国内市场的发展，表现为我国GDP总量不断增长。三是我国经济单位绩效提高，体现为以工资性收入为代表的报酬不断上升，按照"萨缪尔森-斯托格尔伯"效应解释，这是我国参与国际贸易，资本深化，以及产业结构不断升级，人均资本拥有量提高的结果。四是我国更加深入地参与了国际产业分工与对外贸易的发展，以及国际市场容量扩大。五是我国对外贸易战略性政策的结果。改革开放以来，我国长期实行"出口导向型"贸易政策，出口鼓励效应明显。在各种贸易政策中，人民币汇率制度是其中重要的一项内容。汇率是调节国际相对价格的表征指标，汇率变动将引起出口商品进出口国相对价格变动，进而影响出口贸易量。六是FDI带来的资金和技术，也成为推动我国出口产业结构升级的动力。在20世纪90年代后期开始外资结构不断优化，推动了我国贸易结构的优化升级。以上因素互相传导、互相作用，共同作用于我国不断演进的贸易商品结构。

二、我国进口商品贸易结构变迁

从20世纪80年代中期至2012年，我国进口商品结构有所变动。

SITC7类(机械及运输设备)商品一直是我国进口占比最大的进口商品类别，近10年占总进口比重平均在40%以上。反映了我国作为正在经历工业化过程中的发展中国家，需要通过引进国外先进技术和机械设备实现赶超发展战略，先进机械设备进口对我国工业化发展与经济发展的需要具有巨大的加速作用。

SITC5类(化学品及有关产品)商品进口也一直占有较高比重，表明我国化工产品需求与产业发展过程。同时SITC 5类(化学品及有关产品)商品中包括多种化学品原材料，也包括化学品成品的进口，同时SITC 5类(化学品有关产品)商品也是我国出口商品，且该类商品产业内贸易指数较高，表明我国化工产业正逐渐融入全球价值链体系当中，并在全球价值链中不断升级演化。

特别值得注意的是，我国SITC 3类(矿物燃料、润滑油及相关原料)商品的进口情况变化。1985年该类商品进口只占我国总进口0.56%，而2006年该类商品在我国进口中占比已达到11.22%，2012年占比达到16.05%。同时自20世纪90年代中期以来，SITC 2类(非食用原料)商品进口也呈现逐步上升趋

---

① 江小涓.出口商品结构的决定因素和变化趋势[J].经济研究，2007(5).

势，至2006年达到10.11%，2012年该类商品在我国进口中占比达到9.24%。

SITC 3类(矿物燃料、润滑油和相关原料)商品是以原油为主的液态燃料能源商品，SITC 2类是以金属(铜、铁、铝等碱金属和有色金属等)、非金属(肥料、硅酸盐等)，以及自然资源产品(木材、纤维、羊毛等)为主的资源型商品。2012年SITC 2类(非食用原料)进口额为32.5679亿美元，再次低于SITC 3类(矿物燃料、润滑油和相关原料)商品的进口额56.5983亿美元，两者占我国进口初级产品的46.68%以上。

就我国矿产资源储量情况来看，反映出我国已经由改革开放初期，通过出口资源、能源类商品，换取外汇，进口机械设备和重化工产品进出口交换关系，过渡到以机电产品出口为主的工业制成品出口结构；同时以进口机械设备为主，满足国内生产与消费能源、资源类初级产品的贸易结构。随着我国经济进一步发展，国内能源与资源产品难以满足我国日益增长的经济发展需求，从国外大量进口能源、资源类商品成为必然选择。进口结构仍将继续调整，SITC 3类(矿物燃料、润滑油和相关原料)商品与SITC 2类(非食用原料)商品在我国进口贸易结构中的占比将进一步提高。如图6.2和表6.1所示。

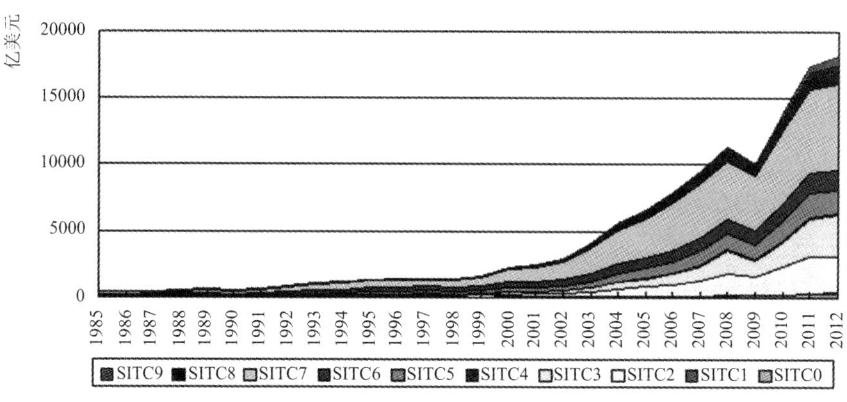

图6.2　我国进口贸易商品结构变迁

表6.1　2012年我国分类商品SITC 0～SITC 9占进口额的比重

	进口额(美元)	分类商品占总进口比重	占初级产品比重	占制成品比重
SITC0	499522921	1.416621346%	2.66877887%	/
SITC1	4112457734	11.6627189%	21.97844484%	/
SITC2	3256786505	9.236079243%	17.39988826%	/
SITC3	5659827485	16.05098003%	30.23850831%	/
SITC4	5188689379	14.71485656%	27.72137973%	/

续表

	进口额(美元)	分类商品占总进口比重	占初级产品比重	占制成品比重
SITC5	6933816001	19.66394602%	/	41.91064035%
SITC6	2576168961	7.305882849%	/	15.57135217%
SITC7	997992360	2.830255071%	/	19.53743696%
SITC8	3232329353	9.166720017%	/	19.53743696%
SITC9	2803978839	7.951939961%	/	16.94832235%
总进口	35261569538	/	/	/
初级产品进口(0～4)	18717284024	/	/	/
工业制成品进口(5～9)	16544285514	/	/	/

我国进口商品结构中,SITC 6 类(作为原料的制造品)商品在我国进口贸易中的占比下降趋势较为明显,从 1985 年的 28.07%下降到 2006 年的 10.91%,2012 年进一步下降为 8%。该类商品主要是满足生产的半制成品。我国工业制成品出口占比的不断上升,SITC 6 类(作为原料的制造品)商品在我国进口结构中占比不断下降,以及 SITC 2 类(非食用原料)商品、SITC 3 类(矿物燃料、润滑油和相关原料)商品上升,说明改革开放以来,我国制造业工业生产能力进一步加强,工业产业链逐渐完整,从承担国际产业分工链条中一个环节,逐渐向产业链上游和下游延伸,国内生产半制成品和零部件提供能力加强,我国出口产业中使用的半制成品,甚至是加工贸易生产中也越来越多地使用来自国内原材料和半成品,各产业链对国外上下游产业依赖逐渐减弱①。

主要服务于消费的 SITC 8 类(杂项制品)商品,在我国进口商品结构中占比增长缓慢,基本保持在 8%以下,表明我国进口贸易的目的并不是为了满足国内消费需求,进口对我国居民生活的作用总体较弱。与之相佐证的是,主要用于消费的 SITC 0 类(食品及主要供食用的活动物)商品、SITC 1 类(饮料及烟草)商品在我国进口商品结构中呈现逐渐下降趋势,SITC 0 类(食品及主要供食用的活动)商品由 1985 年 4.59%下降到 2006 年的 1.26%,2012 年为 1.9%。SITC 1 类(饮料及烟草)商品由 1985 年 0.67%下降到 2006 年的 0.13%,2012 年为 0.23%。这表明我国国内产业满足国内人民需求的能力不

① 需要指出的是,虽然我国国内各产业的产业链逐渐完整,但整合仍存在较大问题,甚至许多环节的整合通过国外部门完成,如我国的造纸行业发展较快,但大量造纸企业属于外商投资企业,我国出版业用纸则较多采用进口。这既是我国参与国际多层次分工的结果,也反映出国内产业链的整合仍需要加强。

断加强,也表明我国采取来自国际贸易的直接静态福利较小。而通过进口机械设备,加速产业发展,推动经济增长,逐步提高满足人民物质生活需求的能力,获得动态贸易利益较为明显。值得注意的是,SITC 8 类(杂项制品)商品在我国进口贸易结构中占比呈现一定的上升趋势(1998 年以来),这与我国逐渐注重国内消费的进口政策,以及对进口贸易限制的逐步放开有关。

总体来说,30 多年来,我国的进口贸易结构变动相对(相对于出口)较小。我国进口贸易结构的变化是多种因素协同作用的结果。首先,在于我国经济增长的量与质的变化。量的变化表现为我国经济总量增加对各种进口品的需求均持续增加,质的变化表现为随着我国经济发展,越来越多的经济需求能够被我国国内生产所满足,进口贸易从“调剂余缺”“以进养出”的目的性,逐渐过渡到符合我国参与国际市场竞争的比较优势分工,以及竞争优势分工的结构中来。其次,国际经济与贸易的发展。近 20 年不仅是我国历史上经济最快速发展的时期,也是世界经济发展迅速,国际贸易与国际经济融合蓬勃发展的时期,各国参与分工与贸易的程度均有所加深。再次,在于我国经济发展方式。我国进口贸易,较大部分用于加工贸易出口,一般贸易进口中,也有较大比重服务于出口生产。外商投资企业从事出口也较多,进口满足于出口目的也较为明显。第四,本章研究的切入点:以实际汇率为代表国际相对价格变动是影响一国进口贸易结构变化的重要因素,各进口部门产业链长度与结构不同,相对价格变化对国际贸易的反映程度与方式不同,作用表现也不相同,国际相对价格变化将引起进口贸易结构变化。第五,我国作为建设社会主义市场经济,转型时期的发展中大国,政府政策对经济生活各个领域仍具有较大影响,进口结构也受到我国贸易政策的较大影响。

三、人民币汇率变动贸易商品结构效应传导机制

在建立实证模型之前,本章首先明确汇率变动影响贸易商品贸易结构的传导机制,如图 6.3 所示。

汇率变动的贸易商品结构效应,是汇率作为相对价格,调节生产、市场与交易等方面作用的结果。汇率作为相对价格的变动对生产和贸易方面进行调节,由于汇率变动引起生产中所使用的要素相对价格发生变化,从而改变一国生产某类商品的比较优势程度发生改变,这一效应也反映为统一汇率政策可以成为

差别的产业贸易政策①。由于不同类别的贸易商品，其市场结构和生产等状况各不相同，汇率变动具有商品类别的贸易结构效应。

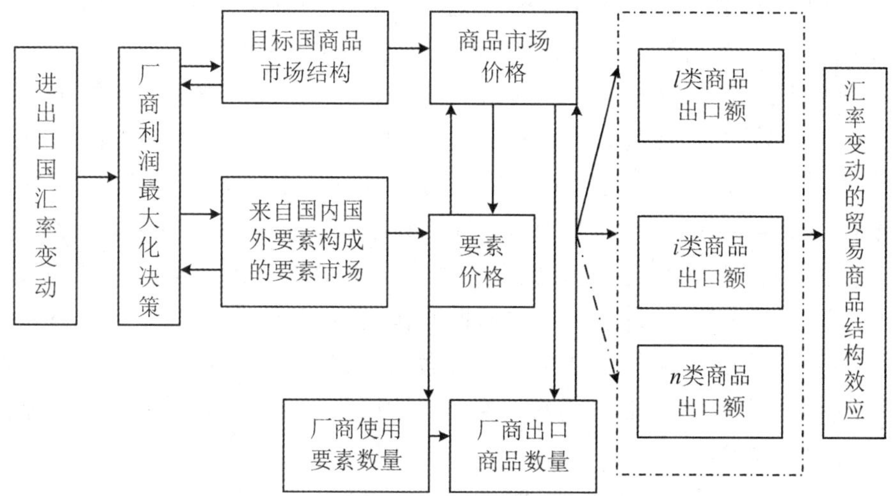

图 6.3　汇率变动的贸易商品结构效应的传导机制图

第二节　人民币汇率变动出口商品结构效应实证

一、出口商品结构效应实证数据与模型

（一）指标选取与数据采集

在实证模型中，被解释变量 $\ln(EXP_i)$代表不同类别商品出口贸易量的对数。下标 i 代表商品类别，$i=all,p,m,0,1,2,\cdots,9$，分别代表我国总出口、初级产品、工业制成品，以及 SITC 0～9 类别的出口商品。本章采用联合国商品贸易统计数据库提供的 1985～2012 年的 SITC 第四版数据。其中，初级产品为 SITC 0～4 类商品的总和；工业制成品为 SITC 5～9 类商品的总和；总贸易额为 SITC 0～9 类商品的总和。数据采取对数形式，用以探讨相对弹性。

① 据笔者对安徽外贸企业访谈结果显示，我国的纺织品服装出口对汇率变动的敏感性较强，人民币汇率升值将大幅度减少我国的纺织品服装出口；而相对来说，机电产品的出口受到的影响较小。

解释变量 ln(*GDP*)代表我国的经济规模，以对数形式给出。采用中宏数据库给出的以 1995 年固定价格测度的我国 GDP 数据①。由于没有按 SITC 分类的产业数据，难以区分产业规模变化中产业结构调整效应对贸易结构的作用，仅以 ln(*GDP*)代表总体经济规模的扩大对贸易结构的作用。

解释变量 $\ln(MAR_i)$，$i=\mathrm{all},p,m,0,1,2,\cdots,9$。以全球最主要的 10 个贸易国和地区的出口商品代表世界市场对某类别商品的市场需求状况。利用美国、日本、德国(1990 年前为联邦德国)、印度、巴西、中国香港、印度尼西亚、马来西亚、菲律宾，以及我国的类别出口加总数据。采用美国、日本、德国的数据，主要考虑其为贸易量大的发达国家；采用印度、巴西等国的数据，主要考虑其与我国一样，都是发展中大国；采用中国香港、印度尼西亚、马来西亚、菲律宾等的数据主要考虑其出口结构与我国相似性较大，出口商品的需求情况较为一致。这一变量采用联合国商品贸易统计数据库 1985～2012 年的类别出口商品数据，以对数形式给出。

解释变量 ln(*FRG*)代表我国的外商直接投资(FDI)在国内生产总值(GDP)中的比重，用以解释要素来源对出口的影响。取对数形式，$\ln(FRG)=\ln(FDI/GDP)$。FDI 采用中宏数据库提供的 1985～2012 年我国外商直接投资实际投资美元数据，采用对数形式。这一比重代表了外商投资在我国经济中的作用。

解释变量 ln(*WARIN*)代表产业生产中两种最主要要素的相对价格，即劳动力成本(工资，wage)与资本价格(利率，ir)的相对价格。一般认为，劳动力成本往往由国内因素决定，劳动力丰裕的国家工资水平较低，有利于出口劳动密集型产品，而资本与技术密集型的国家的劳动力价格较高。资本要素由于其跨国流动便利，利率与汇率之间存在明显的相关关系，容易存在国际利率平价，即资本要素的国际价格趋于一致。因此这一变量($\ln(WARIN)=\ln(wage/(100+ir))$)既代表了两种要素的相对价格，也代表了一国生产成本的国际相对价格。工资数据采用中宏数据库提供的全部职工货币工资代表，采用对数形式。利率数据采用中国人民银行提供的年末利率数据。两者之比代表出口商品的生产成本。

解释变量 ln(*REER*)代表了一国商品和要素的相对价格对国际贸易的影响，数据采用对数形式。为了考察汇率变动的滞后效应，并兼顾数据，采用 3 阶分布滞后模型。

本章将探讨汇率变动的商品结构效应的实证模型设定为式(6.2)的截面时

① 张礼卿. 我国汇率制度专题[M]. 北京：金融出版社，2005：280.

间序列模型。在式(6.2)中,模型采用了含有 N 个(分为两个方程:第一个方程中,$N=3$,$i=$all,p,m;第二个方程中,$N=10$,$i=0,1,2,\cdots,9$)截面样本。回归模型采用截面固定效应回归方法,采用 $\ln(GDP)$,以及自回归项($AR_{(1)}$,用以消除序列相关的影响,两个截面时间序列共同变量。采用截距项(C)、$\ln(MAR_i)$、$\ln(FRG)$、$\ln(WARIN)$、$\ln(REER)$作为截面独立变量。$\ln(REER)$取 0~3 期的滞后变量。$\ln(REER)$对 $\ln(EXP_i)$的 0 期回归系数,即实际汇率的 0 期出口弹性,代表汇率变动引起类别商品出口变动的短期效应,而其 0~4 期的总系数代表汇率变动对出口贸易的总效应。由于汇率变动对不同出口商品类别的效应不同,汇率变动改变了不同类别出口商品总出口贸易中的占比,即产生了汇率变动的贸易商品结构效应。

(二) 实证模型设计

在实证模型中,本章主要考察相对价格(E_t)、生产成本(W_t)、国家生产规模(S_t)、要素来源(I_t)、需求因素(M_t)对市场对类别商品贸易量的作用。

$$f(VT_{t,i}) = \mathrm{C_{t,i}} + f(E_t, W_t, S_t, I_t, M_t) + \varepsilon_t \tag{6.1}$$

根据模型,我们将引起贸易量变动的因素分为两个部分,包括对所有变量都一致的规模效应(X_t),其效应强度用系数 $\beta(1\times N)$表示,以及对不同界面变量影响不同的差别因素($X_{i,t'}$),其效应强度由系数矩阵($\beta'_i(7\times N)$)表示。a_0 表示时间序列截面一致的截距,a_i 表示时间序列一致、截面不一致的截距,AR(1)代表降低序列相关的自回归项,ε_i 代表误差项。

由此,探讨汇率变动的商品结构效应的回归模型可以表示为

$$\begin{aligned}\ln(EXP_{i,t}) &= X_t \cdot \beta + a_i + X_{i,t'} \cdot \beta'_i + \varepsilon_i \\ &= (\ln(MAR_i, t), \ln(FRG_t), \ln(WARIN_t), \sum \ln(REER_t)) \cdot \beta'_i \\ &\quad + (\ln(GDP_t)) \cdot \beta + AR(1) + a_i + \varepsilon_i \end{aligned} \tag{6.2}$$

本章将引起类别商品的出口变动的因素分为三类:一是我国生产条件和生产成本变动引起的,包括经济规模、劳动力成本,以及资本来源;二是由于国外市场因素变动引起的,采用主要贸易国该类商品的出口总量;三是以上两者中成本与收益的相对价格变动,即实际汇率的变动。各项因素的作用协同对价格与数量起作用,构成具有类别结构效应实证模型。

二、出口商品结构效应模型识别与检验①

（一）出口总量数据检验

1. 数据的稳定性检验与协整检验

本章将截面时间序列所包含的商品类别的数据，包括被解释变量即我国总出口、初级产品出口和工业制成品出口对数时间序列数据 $\ln(EXP_i)$，解释变量 $\ln(GDP)$、$\ln(FRG)$、$\ln(WARIN)$、$\ln(REER)$，以及分类商品的 $\ln(MAR_i)$。针对上述时间序列数据原时间序列和一阶差分的单位根检验结果见表 6.2 和表 6.3。总体存在一阶单位根过程。

表 6.2　出口商品贸易结构总量(TP)数据原序列的单位根检验

检验方法	统计量	概率	截面序列数	观察值
原假设:存在共同的单位根过程				
Levin, Lin & Chu t*	−0.29121	0.3854	10	269
Breitung t-stat	−0.80355	0.2108	10	259
原假设:存在个体的单位根过程				
Im, Pesaran and Shin W-stat	0.3382	0.6307	10	269
ADF-Fisher Chi-square	16.1708	0.7060	10	269
PP-Fisher Chi-square	16.3854	0.6924	10	270

表 6.3　出口商品贸易结构总量数据一阶差分(First Degree)序列的单位根检验

检验方法	统计量	概率	截面序列数	观察值
原假设:存在共同的单位根过程				
Levin,Lin & Chu t*	−12.6520	0.0000	10	259
Breitung t-stat	−7.53566	0.0000	10	249
原假设:存在个体的单位根过程				
Im,Pesaran and Shin W-stat	−12.2567	0.0000	10	259
ADF-Fisher Chi-square	144.520	0.0000	10	259
PP-Fisher Chi-square	401.844	0.0000	10	260

由于面板回归序列的单位根检验表明存在一阶单整过程，需要进行变量间

① 由于数据限制，该部分实证采用截面固定效应模型，而不进行 Hausman 检验。

的协整检验(Engle 和 Granger,1987;Johansen 和 Juselius,1990)。本章首先采用 Johansen 协整检验方法,检验协整关系是否成立。

以 Hanna-Quinn 标准,采用对残差原序列单位根的多种检验方法。检验结果如表 6.4 所示。

表 6.4　出口商品贸易结构总量数据的协整检验结果

检验方法	T 统计量	概率
ADF	−6.632480	0.0000
Residual variaance	0.016414	/
HAC variance	0.014072	/

2. 实证模型的序列相关性检验

在完成不包含 AR 项或 MA 项的实证回归之后,提取结果中的残差序列,得到回归残差相关图与偏相关图,如图 6.4 所示。针对回归序列的残差进行的相关图检验结果显示,不存在序列相关,不需要加入 AR 项或 MA 项。

Date:04/29/14　Time:22:37
Sample:1985 2012
Included observations:26

Autocorrelation	Partial Correlation		AC	PAC	Q-Stat	Prob
		1	−0.149	−0.149	0.6488	0.421
		2	−0.305	−0.335	3.4713	0.176
		3	−0.020	−0.150	3.4835	0.323
		4	−0.014	−0.180	3.4901	0.479
		5	0.005	−0.115	3.4908	0.625
		6	0.003	−0.109	3.4912	0.745
		7	−0.048	−0.143	3.5787	0.827
		8	−0.066	−0.198	3.7572	0.878
		9	0.035	−0.149	3.8102	0.923
		10	0.053	−0.129	3.9357	0.950
		11	0.030	−0.091	3.9781	0.971
		12	0.006	−0.078	3.9799	0.984

图 6.4　出口总量商品结构效应面板实证的相关图检验

（二）出口分类数据检验

1. 数据的稳定性检验与协整检验

同样对出口分类数据进行稳定性检验与协整检验,采用类别出口商品的对数时间序列数据,$\ln(EXP_i)$,$i=0,1,\cdots,9$ 为被解释变量,量 $\ln(GDP)$、 ln(*FRG*)、ln(*WARIN*)、ln(*REER*)、ln(MAR_i)，$i=0,1,\cdots,9$ 为解释变量。针对上述时间序列数据原时间序列和一阶差分的单位根检验结果见表 6.5～6.8。总体存在一阶共同单位根过程。

表 6.5　出口商品结构初级产品(PP)分类数据原序列的单位根检验

检验方法	统计量	概率	截面序列数	观察值
原假设:存在共同的单位根过程				
Levin, Lin & Chu t*	−2.41618	0.0078	10	261
Breitung t-stat	−1.29616	0.0975	10	251
原假设:存在个体的单位根过程				
Im, Pesaran and Shin W-stat	−2.53912	0.0056	10	261
ADF-Fisher Chi-square	35.0460	0.0199	10	261
PP-Fisher Chi-square	30.3932	0.0637	10	270

表 6.6　出口商品结构初级产品(PP)分类数据一阶差分序列的单位根检验

检验方法	统计量	概率	截面序列数	观察值
原假设:存在共同的单位根过程				
Levin, Lin & Chu t*	−10.1060	0.0000	10	257
Breitung t-stat	−7.39444	0.0000	10	247
原假设:存在个体的单位根过程				
Im, Pesaran and Shin W-stat	−10.3864	0.0000	10	257
ADF-Fisher Chi-square	119.611	0.0000	10	257
PP-Fisher Chi-square	369.441	0.0000	10	260

表 6.7　出口商品结构工业制成品(MP)分类数据原序列的单位根检验

检验方法	统计量	概率	截面序列数	观察值
原假设:存在共同的单位根过程				
Levin, Lin & Chu t*	1.02183	0.8466	10	266
Breitung t-stat	0.07042	0.5281	10	256
原假设:存在个体的单位根过程				
Im, Pesaran and Shin W-stat	1.75987	0.9608	10	266
ADF-Fisher Chi-square	8.04070	0.9916	10	266
PP-Fisher Chi-square	7.06394	0.9965	10	270

表 6.8　出口商品结构工业制成品(MP)分类数据一阶差分序列单位根检验

检验方法	统计量	概率	截面序列数	观察值
原假设:存在共同的单位根过程				
Levin,Lin & Chu t*	−9.29316	0.0000	10	259
Breitung t-stat	−4.29817	0.0000	10	249
原假设:存在个体的单位根过程				
Im,Pesaran and Shin W-stat	−8.84677	0.0000	10	259
ADF-Fisher Chi-square	101.671	0.0000	10	259
PP-Fisher Chi-square	111.995	0.0000	10	260

由于面板回归序列的单位根检验表明存在一阶单整过程,需要进行变量间的协整检验,对各自方程的自变量与因变量(ln(EXP)、ln(GDP)、ln(MAR)、ln(FRG)、ln($REER$)、ln($WARIN$))作了协整检验。

采用 Engle-Granger 两步法进行协整检验。以 Hanna-Quinn 标准,采用多种单位根检验,结果如表 6.9 所示。在 5%的显著性水平下,基本可以认定,回归残差是稳定的(除 Hadri Z 统计检验外),不存在单位根过程。

表 6.9　出口商品贸易结构分类数据的协整检验结果

检验方法	T 统计量	概率
ADF	−6.63248	0.0000
Residual variaance	0.016414	
HAC variance	0.014072	

2. 实证模型的序列相关性检验

采用不包含移动平均项和自回归项的模型进行实证回归,针对回归序列的残差进行的相关图检验结果显示,不存在序列相关。

三、出口商品结构效应实证结果分析

采用式(6.2)的截面时间序列回归模型、上述自变量、因变量与工具变量,考虑到可能存在的共线性,采用截面似不相关回归。

表 6.10 中,所采用的解释变量对被解释变量有较好的解释能力。其中,对于 ln($REER$),以当期弹性为短期效应,以 0～3 期的弹性为长期弹性。

表 6.10　出口贸易商品结构面板实证分析结果

	类别	ln(*GDP*)	ln(MAR_i)	ln(*FRG*)	ln(*WARIN*)	ln(*REER*)	
						短期	长期
方程1	初级产品	0.963	0.493	−0.432	−0.065	0.084	−0.143
	工业制品		1.193	0.411	−0.044	−0.108	−0.214
	总出口		1.156	0.417	−0.252	−0.709	−0.853
方程2	SITC 0	1.964	0.527	−0.042	0.888	0.213	−0.037
	SITC 1		−0.439	−0.291	0.161	0.053	−0.362
	SITC 2		1.394	−0.158	−1.434	−0.044	−0.286
	SITC 3		0.763	0.052	−0.055	0.038	0.110
	SITC 4		−0.784	0.301	−0.638	0.955	0.748
	SITC 5		0.643	−0.186	0.418	−0.424	0.148
	SITC 6		1.595	0.227	−0.035	0.863	−1.548
	SITC 7		0.825	−0.265	0.349	−0.246	0.246
	SITC 8		1.621	−0.447	0.348	0.065	0.225
	SITC 9		0.907	0.188	−0.368	−0.087	−0.117

(一) 实证分析结果

(1) 对于我国出口,我国的 GDP 具有较强的正效应,从这一实证的结果考察,按方程 1 的共同的效应分析,我国的 GDP 每增长 1 个百分点,将推动出口增长 0.963 个百分点。方程 2 的共同效应显示,我国 GDP 每增长 1 个百分点,将推动出口增长 1.964 个百分点。

(2) 国际贸易市场需求对我国的各类商品出口的效应各不相同,实证显示以 10 个国家和地区出口代表的国际贸易市场需求每增加 1 个百分点,我国出口将增加 1.193 个百分点,显示我国的出口增长快于国际市场发展,我国出口贸易的市场占有率不断扩大。这一效应主要体现在我国工业制成品的出口中,其国际贸易市场需求的弹性为 1.193。而我国初级产品的出口则落后于国际市场需求的增长,其国际贸易市场需求的弹性为 0.493。表明我国的出口结构中,初级产品逐渐减少,工业制成品逐渐增多。这一效应在方程 2 探讨的类别商品出口国际市场需求弹性中也可以看到,工业制成品的国际市场需求弹性普遍大于初级产品。工业制成品中,SITC8 类(杂项制品)商品的国际贸易市场需求弹性最大,高达 1.62,这表明受国际市场的需求影响最大,主要包括我国出口较多的纺织品服装、玩具、鞋帽等商品，是我国国际市场占有率最高，具有出口优势的劳动密集型加工制造类商品。在工业制成品中，SITC 5 类（化学品及相关产品）、SITC 6 类（作为原料的制成品）、SITC 7 类（机械及运输设备）以及 SITC 9 类（未分类商品）商品的国外市场需求弹性均较大。而在初级产品中，这一出口弹性最大的是 SITC 2（除燃料外的非食用原料）、SITC 0 类（食品及主要供食用的活动物）商品和 SITC 3 类（矿物燃料、润滑油及相关原料）商品也较大，而其他类商品的出口需求弹性较小。

(3) 考察汇率变动的贸易商品结构效应，实证结果总体显示：人民币实际汇率升值（贬值）将抑制（促进）我国的出口贸易发展。我国实际汇率每上升（下降）1 个百分点，在短期（当期）内将抑制（促进）我国的出口 0.709 个百分点，在长期内将抑制（促进）我国的出口 0.853 个百分点。汇率变动对工业制成品的实证结果较初级产品更为显著，其影响程度也较大。实证显示，汇率升值（贬值）对出口的负面（正面）作用将持续一段时间，具有“滞后”效应。汇率变动对我国出口贸易长期影响大于短期效应，各类商品滞后结构并不一致。

对工业制成品而言，我国实际汇率每上升（下降）1 个百分点，在短期内将抑制（促进）出口 0.108 个百分点，在长期内将抑制（促进）我国的出口 0.214 个百分点；而对初级产品出口而言，汇率变动在当期有微弱且不显著的正向作用，弹性系数为 0.084。这表明，人民币的升值（贬值）将降低（增加）工业制成品在出口中的占比，即一般认为的资本与技术密集型的工业制成品在我国总出口中的比重。按照工业制成品占比较高，一国出口商品的结构较为优化①的逻辑，人民币汇率升值（贬值）不利于（有利于）我国出口商品结构的优化。

(4) FDI 在我国 GDP 中的占比变化（ln(*FRG*)，并非 FDI 的变化），对我国出口量的弹性变化，总体表现为显著负相关作用，这符合我国引进外资的情况变迁。改革开放早期，由于我国早期国内市场开放不足，外商直接投资企业主要开展出口业务，对出口的作用较大；而随着改革开放的深入，FDI 在我国 GDP 中的占比加大，同时外商投资企业商品投向国内市场的也不断增多。

(5) 考察我国的要素相对价格比（ln(*WARIN*)）的变化与出口变动的关系，在总量分析较多表现为正向相关作用，而在分类数据中，较多表现为负相关作用。总体表现为初级产品负向较多，工业制成品负向较小，或正向的态势，表明资本深化有利于增加工业制成品的出口，对初级产品的出口不利。

---

① 出口贸易结构优化，是我国外贸发展的长期战略，但我国长期没有指明优化的具体含义，一般理解为增加工业制成品的占比，增加工业制成品中附加值较高的商品类别的占比，等等。

（二）政策建议

作为快速增长的中大国经济体，改革开放以来，我国产业结构的升级持续发展，其中，国际贸易扮演了重要的升级动力源的角色。我国大量从国外进口机械设备，引进先进生产技术，革新国内各企业的生产条件与生产能力。国际市场为我国的产业发展提供了广阔的空间，在内需未能有效启动的情况下，使我国的投资和经济增长有了消化的空间。我国的产业发展具有不断超越的过程，从我国出口贸易的商品结构变迁中可以看到：我国大致经历了 20 世纪 90 年代初期，以纺织品服装、鞋类等低技术、低附加值的初级劳动力密集型工业制成品代替初级产品成为出口的最大商品类别；以及 21 世纪初期，以机械与交通设备类产品为代表的技术较高、资本要素密集度较大、附加值相对较高的工业制成品类别替代初级劳动力密集型产业制成品。这实际上也反映了我国的产业结构经历了逐渐升级的过程。由于国际贸易是我国产业发展的动力，而汇率又是作用于对外贸易发展的重要变量，尤其是具有贸易结构效应的变量，因而人民币升值以及由此引起的贸易结构的变化也将具有产业结构调节的效用。这一效应在探讨类别出口商品受汇率变动的影响的方程中也得到佐证。

我国出口贸易量受汇率变动短期和长期影响最为显著的商品类别一般认为是资本与技术密集度最高的 SITC 7 类（机械及运输设备）商品，其短期具有负向弹性，但是长期表现为正向弹性，表明我国的汇率升值（贬值）短期不利于（有利于）机械与交通设备商品的出口，而机械与交通设备类商品也是当期我国出口量最大的商品类别，但是长期汇率的升值有利于我国的机械与交通设备商品的出口。在工业制成品中，商品出口与汇率变动的负向弹性第一高的是 SITC 6 类（作为原料的制成品）商品，这表明随着我国经济建设的发展需要对作为原料的制成品需求日益增强，我国人民币汇率的长期升值将抑制 SITC 6 类（作为原料的制成品）商品的出口。同样对于 SITC 9 类（未分类商品，主要是黄金等贵重金属）商品，汇率变动的短期负向弹性较小，长期负向弹性较高。

在工业制成品中，汇率变动对 SITC 5 类（化学及有关产品）和 SITC 7 类（机械及运输设备）商品的出口具有短期负向作用，对 SITC 6 类（作为原料的制造品）商品的出口具有一定的长期负向作用，但是汇率变动对 SITC 5 类（化学及有关产品）和 SITC 7 类（机械及运输设备）商品都具有长期正向作用。这里应值得关注的是，虽然在 SITC 分类中，SITC 8 类（杂项制品）商品在 SITC 5 类和 SITC 6 类（作为原料的制造品）商品之后，但并不表示 SITC 8 类（杂项制品）商品技术含量更高。事实上，根据本书对出口商品复杂度的测度，SITC 8 类

(杂项制品)商品中部分商品,尤其是 SITC 8 类(杂项制品)商品中我国出口最多的纺织服装类商品的贸易复杂度较低,甚至低于一般的初级产品类别,而SITC 5 类(化学品及有关产品)、SITC 6 类(作为原料的制成品)商品中,大部分小类的复杂度较高。人民币升值不利于提高这两类商品在我国出口贸易结构中的占比。因此,按照商品类别的划分,人民币汇率升值短期不利于 SITC 5 类(化学及有关产品)商品和 SITC7 类(机械及运输设备)的商品出口,但是长期将优化我国的出口贸易商品结构;按照贸易复杂度的划分,人民币汇率升值将恶化我国的出口贸易商品结构。而受汇率升值影响最大的是具有一定复杂程度的工业制成品商品类别,而不是复杂程度较高的工业制成品商品类别。升值将在提高我国工业制成品占比的同时,引起工业制成品出口内部结构的优化,即可能提高工业制成品内复杂程度较高类别商品的出口。

人民币实际汇率变动也对我国初级产品的出口造成了一定的影响。实证结果显示,初级产品中,汇率变动与出口量负向作用较为明显的是 SITC 1类(饮料及烟类)、SITC 0 类(食品及主要供食用的活动物),以及 SITC 2 类(非食用原料)类商品。其中,SITC 3 类(矿物燃料、润滑油及相关原料)商品曾在 20 世纪 80 年代成为我国重要的出口品类别,当时的汇率贬值促进了我国石油的出口。而汇率变动对 SITC 3 类(矿物燃料、润滑油及相关原料)商品和 SITC 4 类(动、植物油脂及腊)商品则表现为正向相关作用。总体汇率变动对初级产品作用弹性的显著性弱于工业制成品。汇率变动对初级产品与工业制成品的其他类别的影响,由于其资源产品特性,或产业本身的投资特性,在汇率变动中的作用表现不一,基本符合其本身的特点,表现为汇率升值(贬值)对农业类初级产品出口的抑制(促进)作用明显;对矿物类初级产品的出口与我国的资源状况一致;对化工类出口产品的出口影响符合产业投资特性;对贵重金属的出口影响符合贵重金属作为投资品受汇率变动改变国内外相对投资价值的作用一致。

由上述分析可知,人民币汇率变动对我国出口的影响总体表现为:实际汇率升值抑制我国出口发展,贬值则有利于我国出口。实际汇率变动对我国出口的影响,工业制成品出口要大于初级产品出口。在工业制成品出口商品类别中,就我国出口占主要类别的 SITC 6 类(作为原料的制成品)、SITC 7 类(机械及运输设备)、SITC 8 类(杂项制品)商品来说,汇率变动对出口的影响程度根据资本要素密集度来确定,即 SITC 7 类(机械及运输设备)商品受影响程度大于 SITC 8 类(杂项制品)商品;与汇率变动的负向短期与长期弹性相关,即SITC 7 类(机械及运输设备)商品短期负向相关、SITC 8 类(杂项制品)商品体现为长短期均为正向相关。这表明我国汇率升值短期内将导致出口结构中工业制成品 SITC 7 类(机械及运输设备)商品占比的下降,同时也导致工业制成品中,复杂度较高的商品类别的比重增长。

第三节　出口商品结构效应 VAR 实证

一、VAR 模型设计和指标选取

本书采用 VAR 模型测度汇率变动的出口商品贸易结构效应,将出口商品的贸易结构定义为

$$EC = EXP_{\mathrm{M}}/EXP_{\mathrm{ALL}}$$

即工业制成品在总出口中的占比。对 ln(*EC*)与 ln(*REER*)序列所构成的 VAR 系统展开实证分析。将 ln(*EC*)与 ln(*REER*)作为内生变量,ln(*FRG*)和 ln(*WARIN*)作为外生变量。VAR 实证模型表示为

$$\begin{bmatrix}\ln(EC_t)\\ \ln(REER_t)\end{bmatrix}=\begin{bmatrix}a_{10}\\ a_{10}\end{bmatrix}+\begin{bmatrix}a_{11}^1 & a_{12}^1\\ a_{12}^1 & a_{22}^1\end{bmatrix}\begin{bmatrix}\ln(EC_{t-1})\\ \ln(REER_{t-1})\end{bmatrix}+\cdots$$
$$+\begin{bmatrix}a_{11}^p & a_{12}^p\\ a_{21}^p & a_{22}^p\end{bmatrix}\begin{bmatrix}\ln(EC_{t-p})\\ \ln(REER_{t-p})\end{bmatrix}$$
$$+\begin{bmatrix}b_{11} & b_{12}\\ b_{21} & b_{22}\end{bmatrix}\begin{bmatrix}\ln(WARIN_t)\\ \ln(\mathrm{FRG}_t)\end{bmatrix}+\begin{bmatrix}\varepsilon_{1t}\\ \varepsilon_{2t}\end{bmatrix} \tag{6.3}$$

(1) 内生变量 ln(*REER*)为实际汇率,考察汇率变动滞后效应,利用 AIC 准则判断滞后阶数,以探讨汇率变动影响我国出口贸易的长期效应和短期效应。数据选取时间从 1985～2012 年共 27 年样本期。

(2) 外生变量 ln(*FRG*)代表我国外商直接投资(FDI)在国内生产总值(GDP)中占比,这一比重代表外来资本在我国经济中的作用,用以解释要素来源对出口影响。一般认为,劳动力要素的流动性较差,资本要素流动性较好,易于按收益率高低在全球范围内流动。而资本所有者往往以本国货币衡量收益,国内外资本要素在汇率变动中收益变化不同。中国 FDI 也较多参与出口贸易,尤其是与加工贸易存在密切联系。本书数据取对数形式,数据来源于中宏数据库。

(3) 外生变量 ln(*WARIN*)即劳动力成本(工资,wage)与资本价格(利率,

ir)的相对价格，代表产业生产中两种最主要要素的相对价格，也代表一国生产成本的国际相对价格。工资数据采用中宏数据库提供的全部职工货币工资代表，采用对数形式。利率数据采用世界银行提供的年末利率数据。两者之比代表出口商品生产成本。劳动力成本往往由国内因素决定，劳动力丰裕的国家，其工资水平较低，有利于出口劳动密集型产品，而资本与技术密集型的国家，其劳动力价格较高。资本要素由于其跨国流动便利，存在国际套利与套汇，利率与汇率之间存在明显的相关关系，容易存在国际利率平价，即资本要素的国际价格易于趋于一致，这是由于资本的流动性引起的。

二、出口商品结构效应 VAR 模型识别与检验

1. 时间序列的稳定性检验

采用 ADF 检验，ln(*EC*)和 ln(*REER*)均为平稳过程，适合开展 VAR 实证分析。如表 6.11 所示。

表 6.11　变量的单位根检验

变量	检验类型(C,T,K)	滞后期	τ 统计量	5%临界值	判断
ln(*EC*)	(C,0,0)	2	−7.5736	−2.9763	平稳
ln(*REER*)	(C,0,0)	4	−3.9593	−2.9763	平稳

2. 出口商品结构效应 VAR 模型滞后阶数判断

采用多种方法判断 VAR 模型滞后阶数，得到 2 阶滞后模型。如图 6.12 所示。

表 6.12　出口商品结构效应 VAR 实证滞后结构判断

Lag	Log*L*	LR	FPE	AIC	SC	HQ
0	85.9074	NA	5.75e−06	−6.3926	−6.1000	−6.3115
1	116.6470	49.1834*	6.83e−07	−8.5318	−8.0442*	−8.3965
2	121.7479	7.3454	6.38e−07*	−8.6198*	−7.9373	−8.4305*

对于 2 阶滞后 VAR 模型，获得 AR 单位根图。可以看到模型所有根的模的倒数小于 1，即位于单位圆内，模型是稳定的。

3. Granger 因果检验

表 6.13 结果显示，我国出口商品结构是我国实际汇率的 Granger 原因，而我国实际汇率不是我国出口商品结构的 Granger 原因。

表 6.13　出口商品结构效应 VAR 实证的 Granger 因果检验

原假设	Obs	Df.	*P* 值
ln(*EC*)不是 ln(*REER*)的 Granger 原因	26	2	0.012
ln(*REER*)不是 ln(*EC*)的 Granger 原因	26	2	0.721

4. 实证模型的序列相关性检验

由自相关与偏自相关检验可知,不存在自相关与偏自相关,不必采用序列相关与移动平均项。

三、出口商品结构效应 VAR 实证分析

根据 VAR 实证结果,得到 ln(*REER*)的脉冲响应函数,其滞后脉冲效应结构如图 6.5 和图 6.6 所示。从图 6.6 中可以看到,当在本期给实际汇率一个正冲击后,我国贸易结构在第 1 期有一个负响应,但在第 2 期这一负响应扩大,之后(第 5 期)逐渐趋向为 0,总体表现为负效应。表明我国实际汇率升值,将抑制我国出口贸易结构的改善(工业制成品比重的提高)。

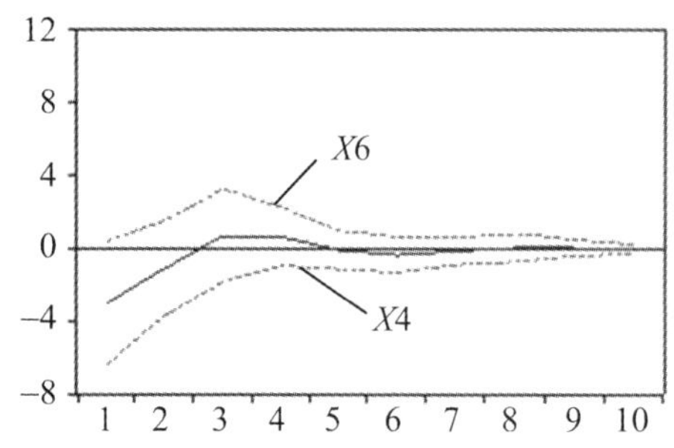

图6.5　X4(实际汇率)对 X6(出口商品结构)的脉冲响应图

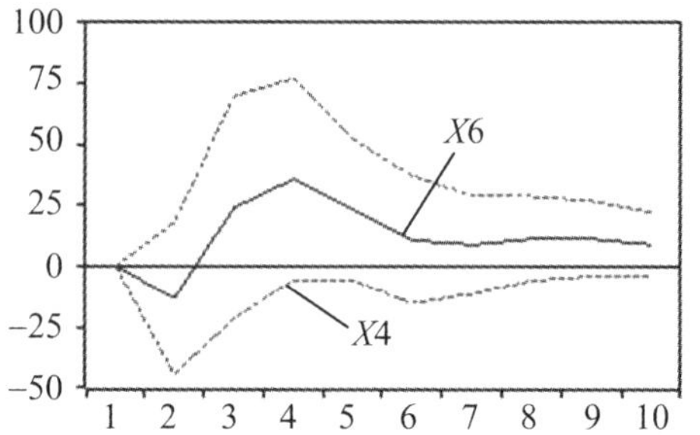

图6.6　X6(出口商品结构)对 X4(实际汇率)的脉冲响应

从图 6.6 中可以看到出口商品结构对实际汇率则表现为更为短期的负响应,当期给出口商品结构一个正冲击后,即会对实际汇率产生负向效应,这一负向效应较为明显,在第 2 期达到最低值,而在第 3 期后趋向于正,第 4 期达到最大值,第 10 期后逐渐收敛趋向于 0。这表明,出口商品贸易结构改善,将使我国实际汇率短期趋向贬值。表明实际汇率与出口商品结构存在短期负向冲击而长期正向冲击的响应关系,从方差分解图 6.7 中也可以得知两者的关系。从长期看,实际汇率变动对我国出口贸易结构变动有较大贡献率,而贸易结构变动对实际汇率贡献率更大。

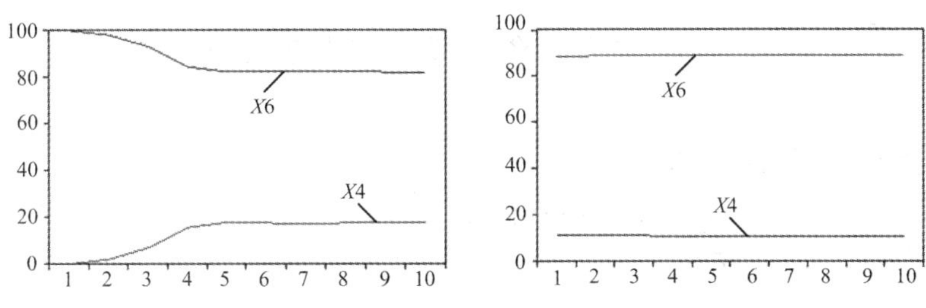

图 6.7　出口贸易结构和实际汇率方差分解图

第四节　人民币汇率变动进口商品结构效应

一、进口商品结构效应 VAR 实证模型设计

本书采用 VAR 模型测度汇率变动的进口商品贸易结构效应，将进口商品贸易结构定义为：$IC=IMP_{\mathrm{M}}/IMP_{\mathrm{ALL}}$

即工业制成品在总进口中占比。对 $\ln(IC)$ 与 $\ln(REER)$ 序列所构成 VAR 系统展开实证分析。$\ln(FRG)$ 和 $\ln(GRG)$ 作为外生变量采用在模型中。VAR 实证模型表示为

$$\begin{bmatrix}\ln(IC_t)\\ \ln(REER_t)\end{bmatrix}=\begin{bmatrix}a_{10}\\ a_{10}\end{bmatrix}+\begin{bmatrix}a_{11}^1 & a_{12}^1\\ a_{21}^1 & a_{22}^1\end{bmatrix}\begin{bmatrix}\ln(IC_{t-1})\\ \ln(REER_{t-1})\end{bmatrix}+\cdots$$
$$+\begin{bmatrix}a_{11}^p & a_{12}^p\\ a_{21}^p & a_{22}^p\end{bmatrix}\begin{bmatrix}\ln(IC_{t-p})\\ \ln(REER_{t-p})\end{bmatrix}$$
$$+\begin{bmatrix}b_{11} & b_{12}\\ b_{21} & b_{22}\end{bmatrix}\begin{bmatrix}\ln(GRG_t)\\ \ln(FRG_t)\end{bmatrix}+\begin{bmatrix}\varepsilon_{1t}\\ \varepsilon_{2t}\end{bmatrix}\tag{6.4}$$

其中，$\ln(GRG)$ 代表我国需求结构，用以考察消费结构变化对我国进口贸易的影响。采用我国政府消费（数据来源于中宏数据库，单位百万元）在 GDP 中占比 $\ln(GRG)$，这主要是考虑到我国进口有相当比例属于政府采购，以及我国国有企业是进口（尤其是能源、资源产品，以及机械设备）主体。$\ln(GRG)$ 这一指标在回归中较为显著。数据选取时间从 1985～2012 年共 27 年样本期。

二、进口商品结构效应 VAR 模型识别与检验

1. 时间序列的稳定性检验

采用 ADF 检验得知，ln(*GRG*)和 ln(*IC*)为一阶单整过程，ln(*REER*)为平稳过程。如表 6.14 所示。

表 6.14　变量的单位根检验

变量	检验类型(C,T,K)	滞后期	τ 统计量	5%临界值	判断
ln(*GRG*)	(C,0,1)	1	−2.4652	−2.9810	非平稳
Δln(*GRG*)	(C,0,0)	0	−3.9959	−2.9810	平稳
ln(*IC*)	(C,0,0)	0	0.0251	−2.9763	非平稳
Δln(*IC*)	(C,0,0)	0	−5.5382	−2.9810	平稳

2. VAR 滞后阶数检验，考虑采用滞后 3 阶 VAR 模型

3. Granger 因果检验

对内生变量进行 Granger 因果检验，结果如表 6.15 所示。

表 6.15　进口商品结构效应实证的 Granger 因果检验

原假设	Obs	Df.	*P* 值
ln(*IC*)不是 ln(*REER*)的 Granger 原因	26	2	0.0866
ln(*REER*)不是 ln(*IC*)的 Granger 原因	26	2	0.4328

上述结果显示，我国进口商品结构变迁是我国实际汇率的 Granger 原因，而我国实际汇率不是我国进口商品结构变动的 Granger 原因。

4. 实证模型的序列相关性检验

由自相关与偏自相关检验可知，不存在自相关与偏自相关，不必采用序列相关与移动平均项。

三、进口商品结构效应 VAR 实证分析

根据 VAR 实证结果，得到 ln(*IC*)和 ln(*REER*)的脉冲响应函数。其滞后脉冲效应结构如图 6.8 和图 6.9 所示。

图 6.8 中脉冲响应反映出实际汇率对我国进口商品结构冲击的脉冲响应较为不显著。实际汇率对我国进口商品冲击效应则具有一定短期负向效应。

进口商品结构冲击对汇率影响先负后正，在第 2 期达到最小值，第 3 期以后作用转为正向，第 4 期达到最大值，之后逐渐趋于 0，总体来看，作用幅度相对较小。

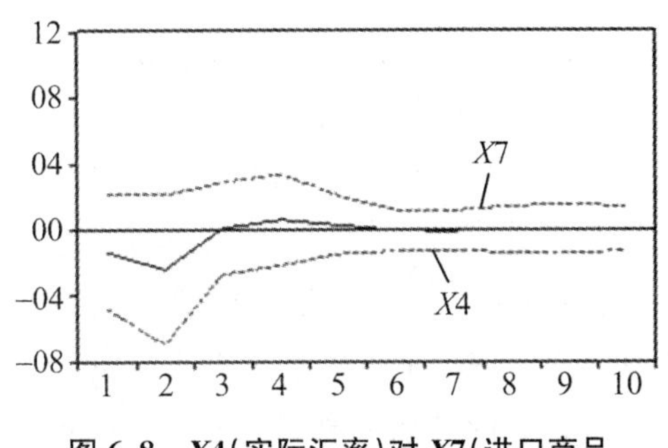

图 6.8　X4(实际汇率)对 X7(进口商品结构)的脉冲响应

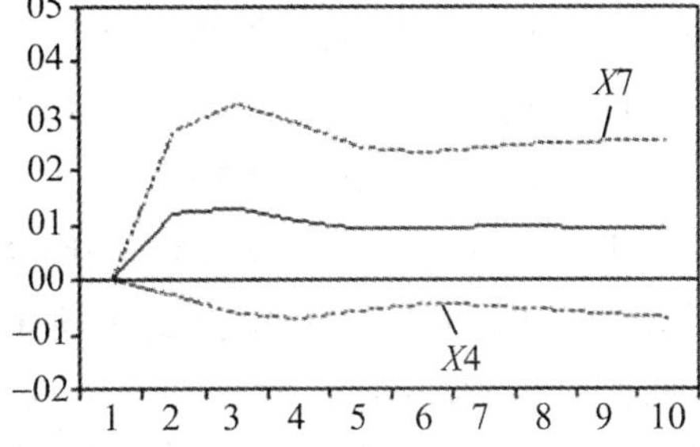

图6.9　X7(进口商品结构)对 X4(实际汇率)的脉冲响应

图 6.9 中脉冲响应的结果显示，汇率冲击对进口商品结构有着显著长期正向影响作用，且持续时间较长，其影响作用从滞后一期开始显示出来，在滞后 3 期后达到最大值，随后逐渐缓慢下降。总体来看，汇率冲击会对进口商品结构产生正的影响，影响随时间的变化而有所差异，汇率变动，在一期后会促进进口商品结构的调整。

从图 6.10 中也可以得知两者的关系。从长期看实际汇率变动对我国进口贸易结构有较大贡献率，而进口商品贸易结构变动对实际汇率变动的贡献率更高，表明两者存在较高相关性，我国进口商品贸易结构对实际汇率变动贡献程度也较大。

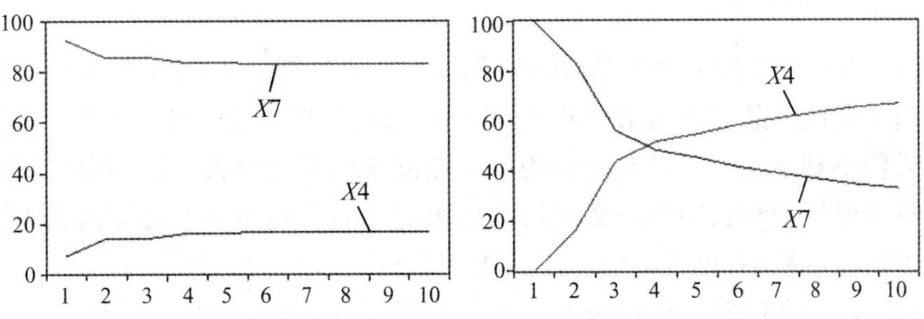

图 6.10　进口贸易结构和实际汇率方差分解图

四、研究结论与政策建议

我国出口商品贸易结构变迁是多种因素协同作用的结果。首先是我国改革开放以来经济快速发展,经济总量规模不断扩大,表现为我国制造业生产与国内市场发展,即 GDP 总量的不断增长。二是我国经济单位绩效提高,体现为以工资性收入为代表的报酬不断上升,按照"萨缪尔森-斯托格尔伯"效应解释,表明我国参与国际贸易,资本深化,产业结构不断升级,人均资本拥有量不断提高。三是我国更加深入地参与了国际产业分工与贸易发展,国际市场容量扩大。四是我国对外贸易战略性政策所致。改革开放以来,我国长期实行"出口导向型"贸易政策,出口鼓励效应明显。在各种贸易政策中,人民币汇率制度是其中重要一项内容。汇率是调节国际相对价格的表征指标,汇率变动将引起出口商品的进出口国相对价格变动,进而影响出口贸易量。五是外商直接投资也是我国出口商品结构变动的重要原因,FDI 弥补了我国改革开放初期的资金不足,FDI 带来的技术,也成为推动我国出口产业结构升级的动力。在 20 世纪 90 年代后期开始外资结构不断优化,推动了我国贸易结构的优化升级。

有关汇率对商品贸易结构效应的传导机制:由于汇率作为统一政策变量,汇率本身变动幅度对于各产业各类商品具有一致性。但各商品类别,由于其所处产业不同,汇率变动影响发生作用的机制不同,其生产、贸易和市场受影响程度不同,发生作用所需要的"时滞"效应也存在差异,即使是统一汇率调整政策,也能对各产业各类别商品产生差异的贸易效应,因而有必要研究汇率变动的贸易商品结构效应,采取具有差异化的产业政策。类别商品贸易具有产业属性,我国大力提倡"贸易结构优化"和"转变外贸结构",以及"产业结构升级"等战略措施,实际上蕴含着要提高复杂程度、资本技术知识要素密集度较高的商品类别,即利用复杂工艺生产附加值较高商品在我国出口商品中占比的内涵。

(一) 实证结果

(1) 人民币实际汇率升值(贬值)将抑制(促进)我国出口贸易发展。汇率变动对工业制成品实证结果较初级产品更为显著,其影响作用也较大。人民币汇率升值不利于我国出口商品结构的工业制成品占比增长。我国出口贸易量受汇率变动短期和长期负向影响最为显著的商品类别是一般被国内认为资本与技术密集度最高,也是出口占比最高的 SITC 7 类(机械与交通设备)。

(2) 就工业制成品与初级产品两类展开 VAR 实证出口商品结构效应分析,Granger 因果检验显示:我国出口商品结构变动与我国实际汇率具有较强的因果性,前者为后者的 Granger 原因。脉冲响应函数分析显示贸易结构(工业制成品占比)对实际汇率冲击的响应为负,即实际汇率升值冲击短期内不利于我国出口商品贸易结构改善。实际汇率对出口商品贸易结构冲击响应表现为负效应,表明我国实际汇率短期贬值才有利于我国出口商品贸易结构升级。

(3) VAR 实证进口商品结构效应分析，Granger 因果检验显示：我国进口商品结构变迁是我国实际汇率变动的 Granger 原因。VAR 脉冲响应函数分析显示进口贸易结构（工业制成品占比）对实际汇率冲击的响应总体较为显著，正负效应振荡以较大幅度变化。而实际汇率对贸易结构变动冲击的响应表现为较强的正效应，这表明我国的进口贸易结构升级将促使我国实际汇率升值。

（二）政策建议

(1) 汇率变动的贸易商品结构效应，是指汇率作为相对价格，调节生产、市场与交易等方面作用的结果。汇率变动对生产和贸易方面的调节，是通过汇率变动引起生产中所使用要素相对价格发生变化，从而改变一国生产某类商品的比较优势程度发生变化，因此汇率变动具有商品类别贸易结构效应，这一效应反映为统一的汇率政策可以成为差别的产业贸易政策。因此汇率作为调节贸易流向和结构的一个重要变量，往往被作为具有一定目标贸易政策的重要方面。应根据各商品属性类别不同采取差异化的产业政策。

(2) 从长期看人民币升值将导致我国出口结构中工业制成品占比下降，不利于出口商品结构升级，但另一方面提高工业制成品中复杂度较高商品类别比重，从而有利于出口工业制成品内部结构调整。短期看人民币升值有利于扩大我国对初级产品的进口，而不利于我国工业制成品的进口。

本章实证探讨汇率变动的贸易商品结构效应。首先回顾了我国进出口贸易商品结构的变迁状况。在出口商品贸易结构中，我国自 20 世纪 80 年代以来，大体完成了工业制成品超越初级产品、工业制成品中 SITC 7 类（机械及运输设备）商品超越加工制造类商品的出口两个过程。目前已形成了以工业制成品为主的出口贸易结构。在进口商品贸易结构中，我国长期以 SITC 7 类（机械及运输设备）商品为最大的进口商品类别，这反映了我国作为正在经历工业化过程的发展中国家的经济与技术赶超过程。同时 SITC 6 类（作为原料的制成品）商品进口的占比也较高，这是与我国加工贸易与国内生产发展相联系的。SITC 6 类（作为原料的制成品）商品在我国进口结构中的占比持续下降，反映了国内提供能力的增长。而近年来，资源能源类商品的进口有所增长。

实证结果显示：实际汇率升值（贬值）将抑制（促进）我国的出口贸易发展。

汇率变动对工业制成品的实证结果较初级产品更为显著,其影响作用也较大。人民币汇率升值不利于我国出口商品结构的工业制成品占比的增长。我国出口贸易量受汇率变动短期和长期影响最为显著的商品类别是一般认为资本与技术密集度最高的 SITC 7 类(机械与交通设备)商品,其短期具有负向弹性,但是长期表现为正向弹性,表明我国的汇率升值(贬值)短期不利于(有利于)机械与交通设备商品的出口,而机械与交通设备类商品也是当期我国出口量最大的商品类别,但是长期汇率的升值有利于我国的机械与交通设备商品的出口。在工业制成品中,商品出口与汇率变动的负向弹性第一高的是 SITC 6 类(作为原料的制成品)商品,这表明随着我国经济建设的发展需要对作为原料的制成品需求日益增强,我国人民币汇率的长期升值将抑制 SITC 6 类(作为原料的制成品)商品的出口。同样对于 SITC 9 类(未分类商品)商品,主要是黄金等贵重金属汇率变动的短期负向弹性较小,长期负向弹性较高。

由于我国出口商品的复杂度,可以认为:汇率升值将导致出口结构中工业制成品占比的下降,但也导致工业制成品中,复杂度较高的商品类别的比重增长。

国际贸易市场需求对我国的各类商品出口的效应各不相同,实证显示以 10 个国家和地区出口代表的国际贸易市场需求每增加 1 个百分点,我国出口将增加 1.193 个百分点,显示我国的出口增长快于国际市场发展,我国出口贸易的市场占有率不断扩大。这一效应主要体现在我国工业制成品的出口中,其国际贸易市场需求的弹性为 1.193。而我国初级产品的出口则落后于国际市场需求的增长,其国际贸易市场需求的弹性为 0.493。表明我国的出口结构中初级产品逐渐减少,工业制成品逐渐增多。

实证结果显示:实际汇率升值并没有提升我国货币购买力,而增加我国的进口。实际汇率的变动对我国初级产品的进口,在短期内呈现出正线性相关关系。从长期效应来看,工业制成品中,受汇率变动负向影响最大的是 SITC7 类(机械与交通设备)商品。我国进口的汇率效应与一般贸易理论不符,体现出负向效应,原因在于我国进口服务于出口的加工特性,我国的进口政策管理及外汇管制等[①]原因。

本章就工业制成品与初级产品两类展开 VAR 实证的出口商品结构效应

① 主要包括:a. 我国的加工贸易进口占比较高,而加工贸易的进口以出口为目的;b. 我国实行外汇管制和进口管制的政策,进口并不能反映国内需求;c. 我国实行外汇储备,外贸企业在国内市场,向指定银行换取外汇进口的政策,不存在内外统一的外汇市场。本币升值并不能提高我国储备的外币的进口购买力,同样贬值也没有降低储备外币的进口购买力。

分析，在模型的识别与检验后，Granger 因果检验显示：我国的出口商品结构变动与我国实际汇率具有较强的因果性，两者互为 Granger 原因。

脉冲响应函数分析显示贸易结构（工业制成品占比）对实际汇率冲击的响应为负，即实际汇率的升值冲击不利于我国贸易结构的改善。实际汇率对贸易结构冲击的响应也表现负效应，表明我国的贸易结构升级将促使我国的实际汇率贬值。从方差分解看，实际汇率变动对我国出口贸易结构变动的贡献率较高，同样贸易结构变动对实际汇率变动也有较高的贡献率，表明两者具有较高的相关性。

本章展开 VAR 实证的进口商品结构效应分析，在模型的识别与检验后，Granger 因果检验显示：我国的进口商品结构变迁是我国实际汇率变动的 Granger 原因。VAR 脉冲响应函数分析显示进口贸易结构（工业制成品占比）对实际汇率冲击的响应总体不显著，正负效应振荡以较大幅度变化。而实际汇率对贸易结构变动冲击的响应表现为较强的正效应，这表明我国的进口贸易结构升级将促使我国的实际汇率升值。从方差分解看，实际汇率变动对我国进口贸易结构变动的贡献率较高，而进口商品贸易结构变动对实际汇率变动也同样具有较高的贡献率，表明两者存在较高的相关性，尤其进口贸易结构对实际汇率的作用明显。

参 考 文 献

毕玉江,2005.实际有效汇率对我国进出口商品的影响[J].世界经济研究,(6).

毕玉江,朱钟棣,2007.人民币汇率变动对中国商品出口价格的传递效应[J].世界经济,(5).

巴曙松,2013.后危机时期国际经济金融结构与中国金融政策[M].上海:上海财经大学出版社.

曹阳,李剑武,2006.人民币实际汇率水平与波动对进出口贸易的影响:基于1980～2004年的实证研究[J].世界经济研究,(8):56-59.

陈文玲,2006-11-7.中国需要主动对国际贸易策略进行调整[N].中国经济时报.

杜进朝,2004.汇率变动与贸易发展[M].上海:上海财经大学出版社.

谷宇,高铁梅,2007.人民币汇率波动性对中国进出口影响的分析[J].世界经济,(10):49-57.

谷任,吴海斌,2007.汇率变动、市场份额与中国纺织品服装出口竞争力[J].世界经济,(3):41-48.

谷克鉴,2000.1990～1998年国民与外资部门出口波动差异的实证分析:HBS推断在中国的验证与拓展[J].管理世界,(2).

费代华,2008.人民币实际汇率变动对贸易结构调整的实证研究[J].广西金融研究.

樊纲,关志雄,姚仲枝,2006.国际贸易结构分析:贸易品的技术分布[J].经济研究,(8):70-80.

高铁梅,2006.计量经济分析方法与建模:Eviews应用及实例[M].北京:清华大学出版社.

顾国达,张正荣,张钱江,2007.汇率波动、出口结构与贸易福利研究:基于要素流动与世界经济失衡的分析[J].世界经济研究,(2):3-8.

胡乃武,郑红,2013.汇率在货币政策中的作用:理论研究与目标经验[M].北京:中国人民大学出版社.

胡兵,乔晶,2011.出口贸易与经济增长:一个出口结构视角[M].北京:科学出版社.

江小娟,2007.出口商品结构的决定因素和变化趋势[J].经济研究,(5):4-16.

姜波克,陆前进,2003.国际金融学[M].上海:上海人民出版社.

林毅夫,李永军,2001.必要的修正:对外贸易与经济关系的再考查[J].国际贸易,(9):22-26.

林毅夫,苏剑,2007.论我国经济增长方式的转换[J].管理世界,(11):5-13.

林毅夫,孙希芳,2003.经济发展的比较优势战略理论兼评《对中国外贸战略与贸易政策的评论》[J].国际经济评论,(6):12-18.

刘传哲,陈寒凝,贾彦利,2004.实际汇率对江苏省出口贸易结构的影响分析[J].中国矿业大学学报,(1):85-87.

刘世锦,2006.关于我国增长模式转型的若干问题[J].管理世界,(2):1-17.

卢峰,2006.人民币实际汇率之谜(1979～2005):中国经济追赶实践提出的挑战性问题[C].北京大学中国经济研究中心:1-25.

卢峰,韩晓亚,2006.长期经济成长与实际汇率演变[J].经济研究,(7):4-14.

卢峰,韩晓亚,2006.长期经济成长与实际汇率演变:巴拉萨-萨缪尔森效应假说及其经验证据[C].北京大学中国经济研究中心,(2).

雷德辉,2007.出口商品结构对人民币实际汇率的影响[J].工业技术经济,(1).

罗忠洲,李宁,2006.日元实际汇率与长期实际利率的实证分析:1971～2002[J].金融研究,(1):98-108.

罗忠洲,2005.汇率波动的贸易条件效应研究[J].上海金融,(2):39-41.

潘英丽,2012.中国经济与金融转型研究[M].上海:格致出版社,上海人民出版社.

施建淮,2007.人民币升值是紧缩性的吗[J].经济研究,(1):41-55.

施建淮,余海丰,2005.人民币均衡汇率与汇率失调:1991～2004[J].经济研究,(4):34-35.

宋海英,2005.人民币汇率变动影响中国农产品出口贸易的实证分析[J].农业经济问题,(3):9-13.

王健康,2011.经济失衡下人民币利率、汇率调整与联动效应[M].北京:中国金融出版社.

王爱俭,2012.中国汇率战略通论[M].北京:中国经济出版社.

王子先,曲建,2013.基于全球经济价值链角度的中国贸易转型升级[M].北京:中国经济出版社.

张正荣,2010.人民币汇率变动与贸易结构优化[M].杭州:浙江大学出版社.

张正荣,2010.人民币升值与贸易收支平衡[M].杭州:浙江大学出版社.

张礼卿,2005.汇率制度变革:国际经验与中国选择[M].北京:金融出版社.

朱钟棣,郭羽诞,兰宜生,2005.国际贸易学[M].上海:上海财经大学出版社.

尹翔硕,俞娟,2004.论汇率变动与贸易收支的决定因素:从日本的教训看人民币汇率问题[J].世界经济研究,(2):70-73.

尹翔硕,2005.国际贸易教程[M].上海:复旦大学出版社.

俞萌,2001.人民币汇率的巴拉萨:萨缪尔森效应分析[J].世界经济,(5):24-28.

俞萌,2001.经济增长国家汇率的巴拉萨:萨缪尔森效应[J].世界经济情况,(4):13-16.

余淼杰,2013.加工贸易与中国企业生产率:企业异质性贸易理论和实证研究[M].北京:北京大学出版社.

Abeysinghe T, Yeok T L ,1998. Exchange rate appreciation and export competitiveness. The case of Singapore[J]. Applied Economics,30(1):51-55.

Athukorala P, Menon J, 1994. Pricing to market behaviour and exchange rate pass-through in Japanese exports[J]. Economic Journal,104(423):271-281.

Atkeson A, Burstein A T,2007. Pricing-to-Market in a ricardian model of international trade[J]. Nber Working Papers,97(2):362-367.

Bahmani-Oskooee M, Goswami G G, 2004. Exchange rate sensitivity of Japan's bilateral trade flows[J]. Japan & the World Economy,16(1):1-15.

Balassa B, 1964. The purchasing-power parity doctrine: a Reappraisal[J]. Journal of Political Economy,72(6):584-596.

Barhoumi K,2006. Differences in long run exchange rate pass-through into import prices in developing countries:an empirical investigation[J]. Economic Modelling,23(6):926-951.

Kouparitsas M A,Baxter M,2005. What Determines bilateral trade flows? [J]. Ssrn Electronic Journal.

Paul R,Bergin,Glick R,et al,2006. Productivity, tradability, and the long-run price puzzle[J]. Journal of Monetary Economics,53(8):2041-2066.

Bergstrand J H, 1991. Structural determinants of real exchange rates and national price levels: some empirical evidence[J]. American Economic Review,81(1):325-334.

Breuer J B,Clements L A,2003. The commodity composition of US - Japanese trade and the yen/dollar real exchange rate[J]. Japan & the World Economy,15(3):307-330.

Burstein A,Eichenbaum M,Rebelo S,2005. Large devaluations and the real exchange rate[J]. Journal of Political Economy,113(4):742-784.

Campa J M,Mínguez J M,2006. Differences in exchange rate pass-through in the euro area[J]. European Economic Review,50(1):21-145.

Campa J M,2004. Exchange rates and trade: How important is hysteresis in trade? [J]. European Economic Revie,48(3):527-548.

Campa J M,Goldberg L S,2006. Pass-Through of exchange rates to consumption prices:what has changed and why[C]. Staff Reports.

Choi Y,Krishna P,2004. The factor content of bilateral trade:an empirical test[J]. Journal of Political Economy,112(4):887-914.

Darvas Z,2001. Exchange rate pass-through and real exchange rate in EU candidate countries[Z]. Discussion Paper.

Deardorff A V,2006. Testing trade theories and predicting trade flows[J]. Handbook of International Economics,1(84):467-517.

Deardorff A V,1980. The general validity of the law of comparative advantage[J]. Journal of Political Economy,88(5):941-957.

Menon J,1987. Exchange rates and prices[J]. American Economic Review,77(1):93-106.

Edison H J,Klovland J T, 1987. A quantitative reassessment of the purchasing power parity hypothesis:evidence from Norway and The United Kingdom[J]. Journal of Applied Econometrics,2(4):309-333.

Edwards S,2007. On current account surpluses and the correction of global imbalances[Z]. Working Papers Central Bank of Chile.

Eichengreen B J,1983. Effective protection and exchange-rate determination[J]. Journal of International Money & Finance,2(1):1-15.

Ethier W J,2006. Higher dimensional issues in trade theory[J]. Handbook of International Economics,1(2):131-184.

Faruqee H,2004. Real exchange rates and the pattern of trade: comparative dynamics for north and south[J]. Journal of International Money & Finance,15(2):313-336.

Feenstra R,Gagnon J,Knetter M M,1993. Market share and exchange rate pass-through in world automobile trade[C]. National Bureau of Economic Research,Inc(21):187-207.

Ghironi F,Melitz M,2004. International trade and macroeconomic dynamics with heterogeneous firms[Z]. National Bureau of Economic Research.

Ghose D,Kharas H,1993. International competitiveness,the demand for exports and real effective exchange rates in developing countries [J]. Journal of Development Economics,41(2):377-398.

Gilbert M,1961. Comparative national products and price levels: a study of Western Europe and The United States[J]. International Affairs,12(4).

Gregorio J D,Giovannini A, 1993. International evidence on tradables and nontradable inflation [C]. European Economic Review:1225-1244.

Gregorio J D,Giovannini A,Krueger T H,2010. The behavior of nontradable - goods prices in Europe: evidence and interpretation[J]. Review of International Economics, 2(3):284-305.

Gregorio J D,Wolf W C,1994. Terms of trade,productivity,and the real exchange rate[Z]. Nber Working Papers.

Gross D M, Schmitt N,2000. Exchange rate pass-through and dynamic oligopoly: an empirical investigation[J]. Journal of International Economics,52(1):89-112.

Grubel H G, Lloyd P J,1975. Intra-industry trade: the theory and measurement of international trade in differentiated products[J]. Journal of International Economics,6(3):312-314.

Hallett A J H,2004. Exchange rates, protectionism and commercial policy: alternative strategies for coordinating the G3 economies[J]. Japan & the World Economy,4(3):215-237.

Helpman E,1984. The factor content of foreign trade[J]. Economic Journal,94(373):84-94.

Helpman E,1999. The structure of foreign trade[J]. Journal of Economic Perspectives,13(2): 121-144.

Helpman E,Melitz M,Rubinstein Y,2008. Estimating trade flows: trading partners and trading volumes[J]. Quarterly Journal of Economics,123(2):441-487.

Hsieh D A,2006. The determination of the real exchange rate: The productivity approach[J]. Journal of International Economics,12(3):355-362.

Isard P,1976. How far can we push the "law of one price"? [J]. International Finance Discussion Papers,67(5):942-948.

Kravis I B,Lipsey R E,1988. National price levels and the prices of tradables and nontradables [J]. American Economic Review,78(2):474-478.

Kravis I B,Ahmad S,1978. A system of international comparisons of gross product and purchasing power[M]. Baltimore: The Johns Hopkins University Press.

Krugman P R, 1986. Pricing to market when the exchange rate changes[J]. Nber Working Papers.

Kyle S, 1992. Pitfalls in the measurement of real exchange rate effects on agriculture[J]. World Development, 20(7): 1009-1019.

Lancaster K, 1980. Intra-Industry trade under perfect monopolistic competition[J]. Journal of International Economics, 10(2): 151-175.

Leamer E E, 1980. The leontief paradox, reconsidered[J]. Journal of Political Economy, 88(3): 495-503.

Lerner A P, 2006. The economics of control: principles of welfare economics[M]. London: Macmillan.

Goldberg L S, Tille C, 2006. The international role of the dollar and trade balance adjustment[J]. Nber Working Papers.

Sheets N, Marazzi M, Vigfusson R, et al, 2005. Exchange rate pass-through to U. S. import prices: some new evidence[J]. International Finance Discussion Papers, (49).

Markusen J R, Venables A J, Konan D E, et al, 1996. A unified treatment of horizontal direct investment, vertical direct investment, and the pattern of trade in goods and services[J]. Working Paper, 68(4): 709-19.

Marston R C, 1986. Real exchange rates and productivity growth in The United States and Japan [J]. Nber Working Papers.

Mendoza E G, 1995. The terms of trade, the real exchange rate, and economic fluctuations[J]. International Economic Review, 36(1): 101-137.

Michaely M, 1983. Trade in a changed world economy[J]. World Development, 11(5): 397-403.

Nurkse R, 1968. Conditions of international monetary equilibrium[M]. Michigan: University Microfilms.

Obstfeld M, Rogoff K, 1996. Foundations of international macroeconomics[J]. Mit Press Books, 1(1).

Obstfeld M, 1980. Intermediate imports, the terms of trade, and the dynamics of the exchange rate and current Account[C]. National Bureau of Economic Research.

Parsley D C, 1993. Exchange rate pass-through: evidence from aggregate Japanese exports[J]. Southern Economic Journal, 60(2): 454-462.

Rogoff K, 1992. Traded goods consumption smoothing and the random walk behavior of the real exchange rate[J]. Nber Working Papers, (10).

Schott P K, 2001. Do rich and poor countries specialize in a different mix of goods? Evidence from product-level US trade data[J]. Nber Working Papers.

Schott P K, 2008. The relative sophistication of Chinese exports[J]. Economic Policy, 23(53): 5-49.

Stein, Jerome L, 1997. Fundamental determinants of exchange rates[M]. Oxford: Clarendon Press.

Summers R, Heston A, 1991. The penn world table (Mark 5): an expanded set of international comparisons, 1950～1988[J]. Quarterly Journal of Economics, 106(2): 327-368.

Takagi S, 2001. Exchange rate movements and tradable goods prices in East Asia: an analysis based on Japanese customs data, 1988～1999[J]. Imf Staff Papers, 48(2): 266-289.

Trefler D, 1995. The case of the missing trade and other mysteries[J]. American Economic Review, 85(5): 1029-1046.

Trefler D, Zhu S C, 2000. Beyond the algebra of explanation: HOV for the technology age[J]. American Economic Review, 90(2): 145-149.

后　　记

本书为我根据自己的博士论文整理而成的。时光如梭，回想起博士论文从开题构思到写作到最后完稿充满艰辛和痛苦，在此我要感谢在成稿过程中给我提供帮助的每一个人，你们的善良和教诲将永远被铭记。

首先，感谢我的指导老师蔡玲教授和我的“高级计量经济学”课程老师李占风教授，他们严谨的治学精神和严肃的研究态度是我继续进行学术研究时学习的榜样。李占风教授在我运用计量手段分析人民币汇率变动对贸易商品结构影响的研究过程中提供了大量的技术指导，为本书的撰写打下坚实的基础。

其次，感谢中南财经政法大学经济学院世界经济专业的博士生导师们在我的博士论文开题、写作过程中以及论文最后答辩中提出的结构修改意见和建议。感谢朱延福教授、李小平教授、佘群芝教授为本书的写作提出的良好建议与修改意见。感谢我的师弟耿康顺同学在计量经济学 Eviews 软件运用中给予我的帮助。感谢我的研究生周婷婷、杨秋菊、胡晓芳在数据收集、作图过程中给予的帮助。最后要特别感谢我的父母和家人对我的无私关心和支持，感谢我的爱人和儿子为我做出的无私奉献，让我有了最坚实的家庭保障，这些都是我不断前进的动力源泉。

写作的过程相当于一次自身知识体系的全面梳理和总结，本书的完成只是我科研与教学生涯的一个起点。“雄关漫道真如铁，而今迈步从头越”。我将总结写作过程中获得的宝贵经验，不断进步和超越自我，迎接下一个新的挑战。

邓小华

2018 年 12 月